I CULTI ORIENTALI AD OSTIA

ÉTUDES PRÉLIMINAIRES
AUX RELIGIONS ORIENTALES
DANS L'EMPIRE ROMAIN

PUBLIÉES PAR

M. J. VERMASEREN

TOME TROISIÈME

MARIA FLORIANI SQUARCIAPINO

I CULTI ORIENTALI AD OSTIA

LEIDEN
E. J. BRILL
1962

MARIA FLORIANI SQUARCIAPINO

I CULTI ORIENTALI
AD OSTIA

CON UN FRONTESPIZIO E SEDICI TAVOLE

LEIDEN
E. J. BRILL
1962

PRINTED IN THE NETHERLANDS

TAVOLA DELLE MATERIE

PREMESSA

Da quando, nel 1912, Lily Ross Taylor pubblicava il suo magistrale studio *The Cults of Ostia* (Bryn Mawr College Monographs, xi) e il Paschetto il suo volume *Ostia Colonia Romana*, non possiamo affermare che il quadro dei culti orientali documentati ad Ostia sia cambiato nelle sue linee ,,generali", ma sono cambiati i ,,particolari". I nuovi scavi del Campo della Magna Mater, che hanno svelato altre costruzioni, altre sculture, altre iscrizioni, lo scavo di nuovi mitrei, che han portato a 18 il numero di questi templi noti nella città, lo scavo del Serapeo, la scoperta di nuovi oggetti ed iscrizioni hanno senza meno completato il quadro già noto dandoci elementi per stabilire quando sorsero e maggiormente fiorirono i vari culti e quali caratteri ebbero. Non é da escludere che la prosecuzione degli scavi nuovi elementi possa aggiungere a quelli già noti, chiarendo particolari e aggiungendo pennellate al quadro già da tempo abbozzato nelle sue linee essenziali e forse rivelando la presenza in Ostia di altri culti di origine orientale; noi, in questo breve studio, faremo il punto sullo stato della questione al giorno d'oggi, raggruppando quanto si é man mano scoperto in questi decenni di continuo lavoro e che solo parzialmente, per varie ragioni, é stato reso noto.

Vorrei, prima di iniziare la trattazione specifica, chiarire un punto che mi sembra essenziale: si é spesso detto che la presenza e la diffusione di culti orientali ad Ostia fosse favorita se non addirittura determinata dal carattere cosmopolita della sua popolazione, dal fatto che essendo essa il porto di Roma, cui affluivano navi da tutto il bacino Mediterraneo, qui avrebbero dapprima approdato i culti esotici portati con sé dai navigatori stranieri. Io credo invece che l'evidenza dei fatti dimostri che tali culti non hanno, in certo senso, priorità ad Ostia rispetto a Roma, ma che vi si svilupparono di riflesso con quanto avveniva nell'Urbe, o almeno le manifestazioni a noi note del loro fiorire sono posteriori o al più concomitanti con quelle romane. Ad esempio non possiamo certo escludere che la Magna Mater fosse onorata e avesse culto in

Ostia prima del II sec. d. C., eppure la costruzione del grande santuario é solo di quel periodo mentre sappiamo che in Roma il culto fu ufficialmente introdotto ed ebbe stabile sede sul Palatino sin dal 204 a.C. Io credo quindi che i culti orientali si svilupparono ampiamente ad Ostia, non soltanto per il carattere della popolazione o perché vi approdassero per primi, ma specialmente quando essi ebbero una rinascita sia in Roma sia in tutto l'impero per la svolta spirituale subita dalla società pagana appunto verso il II secolo. Quando cioé si cercarono in altri culti a carattere mistico quei più alti ideali morali, quella speranza di una sopravvivenza futura, quella soddisfazione delle esigenze dello spirito che la vetusta religione indigena non poteva più dare.

Lo sviluppo, quindi, dei culti orientali ad Ostia rientra nel più vasto quadro del mutamento spirituale e morale della società antica ed é quindi collegato e dipendente da un fenomeno generale e non rappresenta qualcosa di particolare, legato a circostanze contingenti di origine etnica della popolazione locale. Considerato sotto tale punto di vista mi pare che il fenomeno acquisti maggior interesse poiché il suo studio può rivestire importanza più generale in quanto specchio non soltanto di condizioni e credenze locali e solo localmente giustificabili, ma parte di un più ampio e universale movimento.

Quanto vedremo ad Ostia, quindi, potrà, secondo me, servire a giustificare e spiegare analoghi fenomeni se non altrove, almeno a Roma di cui in definitiva, almeno da un certo periodo, essa constituì il quartiere commerciale.

CAPITOLO I

IL CULTO DELLA MAGNA MATER

Per quanto siano ben noti, gli eventi miracolosi che legano Ostia alla prima introduzione in Roma del culto di Cibele, sarà opportuno rievocarli ancora una volta [1]) sia pure per sommi capi: quando nel corso della seconda guerra punica, in base alla predizione del Libri Sibillini, fu trasportata a Roma da Pessinunte la pietra sacra della Magna Mater, secondo la notizia di Livio (xxix, 10), una rappresentanza del Senato capeggiata da P. Scipione Nasica, l'uomo più onesto di Roma, matrone e sacerdoti si recarono ad Ostia per incontrare la nave, che era stata già avvistata a Terracina. Alla foce del Tevere Scipione salì sulla nave e ricevette dai sacerdoti frigi il sacro simbolo e lo consegnò alle matrone, che lo recarono a Roma ove fu custodito dapprima nel tempio della Vittoria sul Palatino. Secondo la notizia di Ovidio (*Fasti*, iv, 295 ss.) di un evento prodigioso fu teatro Ostia in quella occasione: la nave sacra si sarebbe incagliata nei bassifondi della foce del Tevere e nessuno sforzo sarebbe riuscito a liberarla sinché la vestale Claudia Quinta, accusata di aver violato i suoi voti, non chiese alla dea di dimostrare l'infondatezza dell'accusa seguendola, e, legata la sua cintura alla prua della nave, non la liberò con poco sforzo. Anche più tardi, nel 38 a.C., quando portenti sfavorevoli dimostrarono l'ira della dea verso il popolo romano, secondo la prescrizione dei Libri Sibillini, il simulacro fu portato al mare e purificato nelle sue acque (Cass. Dio, 43, 5) e la cerimonia avvenne, secondo ogni probabilità, ad Ostia [2]).

1) Cf. L. Paschetto, *Ostia Colonia Romana*, (*Atti Pont. Acc. Rom. Arch.* s. II, vol. X) Roma 1912, p. 160 sg. (citato in seguito Paschetto); L.Ross Taylor, *The Cults of Ostia* (*Bryn Mawr College Monographs*, XI), Bryn Mawr 1912, p. 57 sg. (citato in seguito Ross Taylor, *Cults*); G. Calza, *Il Santuario della Magna Mater a Ostia* in *Mem. Pont. Acc. Arch.*, S. III, vol. VI, 1946, p. 184 (citato in seguito Calza, *Santuario*); Russell Meiggs, *Roman Ostia*, Oxford 1960, p. 365 sg. (citato in seguito Meiggs, *Ostia*). Un breve accenno al culto di Cibele e ad altri culti orientali in Hans Schaal, *Ostia, Der Welthafen Roms*, Bremen 1957, pp. 140-148.

2) Meiggs, *Ostia*, p. 365.

Non ostante, come abbian visto, storia e leggenda leghino tanto indissolubilmente Ostia all'introduzione del culto frigio in Roma, non pare che, almeno sino all'età imperiale, la Magna Mater avesse un culto stabilito in Ostia, o, sarebbe più giusto dire che, sino ad oggi, le numerose testimonianze di questo culto rinvenute — santuario, iscrizioni, statue — non sono anteriori all'età imperiale. Non é improbabile però che future scoperte provino l'esistenza di un culto pubblico anche anteriormente, dato che sembra strano che nulla, fino al II secolo, abbia ricordato in Ostia avvenimenti tanto importanti localmente, oltre che per la storia di Roma.

Probabilmente l'espandersi e la più sostanziale affermazione del culto si devono porre in relazione con l'aumentata importanza commerciale di Ostia dopo la costruzione dei due porti di Claudio e di Traiano, che attirarono nella città molti mercanti devoti della dea, o, più semplicemente, la nuova prosperità consentì la costruzione del vasto santuario presso la porta Laurentina, che oggi conosciamo.

Indizi di un culto anteriore potrebbero essere le tracce di edifici non bene precisati, ma di età Giulio-Claudia, presso il tempio di Cibele [1]) del II secolo, e il primo impianto del sacello di Attis. Inoltre non é da escludersi che come a Porto esisteva un altro santuario della *Mater deum Magna Portus Augusti et Traiani Felicis* (*CIL*, XIV, 408 = Thylander, B 142), vi fosse anche nella città stessa di Ostia un altro centro di culto, forse sulla riva destra del Tevere, cui alluderebbe, secondo il Paschetto e il Meiggs [2]), l'epiteto di *Transtiberina* dato alla dea nell'iscrizione funebre di Lucio Valerio Firmo sacerdote di Iside Ostiense e della Gran Madre degli Dei (*CIL*, XIV, 429).Comunque se allo stato attuale delle nostre conoscenze, l'esistenza di un culto della Magna Mater in età republicana e nel I sec. d. C. é probabile, ma non sicuramente provata, é invece documentatissama dal secondo secolo in poi.

A questo periodo infatti risale la costruzione del grande santuario, che occupa un'area triangolare, immediatamente ad ovest della Porta Laurentina, delimitata a sud dalle mura Sillane, a est dal Cardo maximus, a nord dalle terme del Faro (fig. 1).

1) Calza, *Santuario*, p. 302.
2) Paschetto, p. 164; Meiggs, *Ostia*, p. 366.

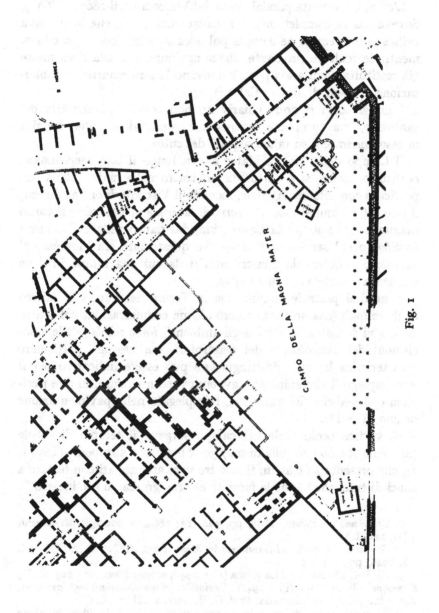

Fig. 1

L'area, già scavata parzialmente dal Visconti tra il 1867 e il '69 [1]), doveva essere completamente riscavata dal Calza, che la rivelava nella sua interezza e ne dava la pubblicazione nell'opera già citata, mentre le sculture rinvenute, che si aggiungevano alla ricca messe già restituita dagli scavi papali, avevano la loro esauriente pubblicazione a opera di Raissa Calza [2]).

I nuovi scavi dunque chiarivano non solo la planimetria del santuario, ma fornivano interessanti precisazioni sulle divinità in esso venerate e su taluni aspetti del culto.

Il Campo della Magna Mater aveva lungo il lato meridionale, costituito, come si é detto, da un tratto della cinta sillana, un porticato con colonne laterizie, secondo il Visconti di ordine dorico; il lato est é occupato da una serie di *tabernae* aperte verso il cardo maximus e, verso porta Laurentina, dal fianco della *Schola* degli *hastiferi* e dal sacello di Bellona. Su questo lato era l'ingresso al santuario scandito da pilastri laterizi da cui una rampa in lieve pendenza scende verso il *campus*.

A nord il piazzale confina con le Terme del Faro e il Mitreo degli animali (che non aveva però alcuna comunicazione col santuario) e vi furono addossati degli ambienti, forse *scholae* delle associazioni dei cannofori e dei dendrofori, ma nessuna particolare caratteristica li contraddistingue, né può essere indicativo per il loro impiego il rinvenimento, avvenuto recentemente, di due iscrizioni con dediche dei cannofori, reimpiegate nella pavimentazione di uno di essi [3]).

Al vertice occidentale del campo sorgeva il tempio di Cibele (m. 16,60 × 8,60 con cella di m. 7,30 × 6,50) con alto podio (Tav. I, 1), che presenta su ciascun fianco tre vani archeggiati con testate a conci di tufo, che hanno la facciata esterna grezza, di uso incerto [4]).

---

1) *Cf. Annali Istituto*, 1868, pp. 362-413; 1869, p. 209 sg.; *Monumenti* VIII, tav. LX.

2) *Sculture rinvenute nel Santuario* in *Mem. Pont. Acc. Arch.*, S. III, vol. VI, 1946, pp. 207-227.

3) *Cf. FA*, IX, no 4969. La prima (Inv. 1940) suona: *Faustinae/Aug. P. F./ Cannefori*; la seconda (inv. 1941): *Genio/Decurionum/Ostiensium/Cannefori*. Ambedue sono state datate dal Prof. G. Barbieri al III sec. d. C.

4) E' senza meno da escludersi, come nota il Calza, la identificazione fatta dal Visconti con la *schola* dei cannofori per il rinvenimento, avvenuto

Il tempio si é pensato prostilo, tetrastilo e vi si accedeva per una gradinata di marmo, con ripiano largo due metri dopo i primi tre scalini, ai cui lati erano due fosse senza muratura, riempite di terra. Come notava il Calza tale particolare, che trova riscontro nel Metroon di Mamurt-Kaleh, presso Cizico, doveva avere attinenza al culto: forse le fosse erano destinate a piante o fiori. Gli ambienti di cui si son trovate tracce attorno al tempio sono indubbiamente anteriori alla costruzione di esso e se possono essere assunti come prova di un'esistenza in situ del culto metroaco prima del secondo secolo (posto che ne fosse sicuro il carattere sacrale) é chiaro che vennero annullati dalle costruzioni oggi visibili. Probabilmente questo limitato spazio attorno al tempio era il *sanctum*, cioé lo ἱερόν, luogo di culto riservato, nominato da varie iscrizioni metroache [1]).

Al vertice orientale del piazzale sorge un insieme di sacelli, di tempietti e di *scholae*, tra cui primeggia quello di Attis: esso si presenta come un recinto quasi quadrato (la cui primitiva costruzione, dato il tipo del reticolato, risale al I sec. d. C.), nella cui parete meridionale, fu aperta nel III secolo un'ampia porta, che immetteva in una cappella a pianta rettangolare con ampia abside di fronte all'ingresso e nicchie rettangolari nei lati brevi (Tav. I, 2).

Due telamoni, costituiti da semicolonne su cui era scolpito un Pan coronato di pino, con nebride, pedum e siringa [2]) simili ai pilastri con satiri trovati a Cizico, scandivano l'ingresso alla cappella absidata, mentre all'interno, nelle nicchie e su una cornice in travertino sporgente nell'abside, dovevano trovare posto almeno alcune della 22 sculture rinvenute nel sacello stesso, otto delle quali erano dedicate ad Attis stesso da un *C. Cartilius Euplus*, mentre altre sono dedicate da *M. Modius Maximus* e da un *Volusianus* (Tav. II, 3).

in uno di questi, di una serie di basi di statue dedicate da questo collegio, basi che non erano evidentemente nella loro collocazione originaria.

1) *Cf.* G. Calza, *Santuario*, p. 190.
2) R. Calza, *op. cit.*, pp. 208-210; sui due Pan, oltre all'articolo di A. Grenier, *Notes d'archéologie romaine* in *CRAI*, 1948, pp. 140-152 (in cui sono datati al III sec.), v. anche Ch. Picard, *L'entrée de la salle absidale à l'Attideion d'Ostie* in *RHR*, CXXXV, 1949, pp. 129-142; id. in *CRAI*, 1949, pp. 58-62, che, ricordando la presenza di due statue itifalliche all'ingresso dell'anactoron di Samotracia, dimostra il rapporto di Pan e di Hermes col culto della Magna Mater.

Se escludiamo la bella ara dei 12 dei[1]), opera neoattica della seconda metà del I sec. d. C., le due basi di candelabri o thymiateria neoattici del secondo secolo [2]), e la statua di Attis, già rinvenuta negli scavi del Visconti [3]) datata generalmente ad età adrianea, le altre sculture rinvenute sono piuttosto di età Antonina, o più tarde. D'altra parte la presenza di pezzi più antichi, insieme al rinvenimento di resti di edifici anteriori convaliderebbe da un lato la preesistenza in situ di un luogo di culto della Magna Mater, e dall'altro l'ipotesi che forse ad Adriano, più che agli Antonini si dovesse l'impianto di tutto il santuario nella sua forma attuale [4]). Quanto al primitivo santuario del I sec. d. C., esso potrebbe porsi in relazione all'introduzione, sotto Claudio, nel culto ufficiale della Magna Mater, del culto di Attis e delle cerimonie più proprie del culto orgiastico e mistico frigio, che fino a quel periodo ne erano state escluse [5]).

Interessante é la presenza nel recinto, che precede la cappellina di Attis, di una costruzioncella con bassi muri laterizi che delimitano un vano rettangolare cui si affiancano, verso ovest, due minori quadrati, che il Calza [6]) pensò di mettere in relazione con i *thalamoi*, cioé quei luoghi sotterranei del culto frigio in cui si svolgevano i riti d'iniziazione più segreti.

A tergo del sacello di Attis, e precisamente all' interno della torre dell'antica cinta Sillana, che fu aperta verso il Campo della Magna Mater, e adattata opportunamente all'interno, il Calza riconobbe la *fossa sanguinis*, il ,,battistero'' metroaco, il luogo cioé ove venivano celebrati i tauroboli, che dalla metà del II sec. costitui-

1) G. Becatti, *Un dodekatheon ostiense e l'arte di Prassitele* in *ASAtene*, XXII, 1942, p. 85 segg.; R. Calza, *op. cit.*, p. 210, no 2.

2) R. Calza, *op. cit.*, pp. 211-212, no 3a—b.

3) *Cf.* R. Calza, *op. cit.*, p. 216 sg., no 8.

4) Per una datazione adrianea propendono anche il Becatti, *Scavi di Ostia*, vol. I, p. 134 e il Meiggs, *Ostia*, pp. 364-365.

5) *Cf.* a tale proposito De Ruggiero, *Diz. Ep.*, s.v. *dendrophori* (S. Aurigemma). Le recenti scoperte del Prof. Pietro Romanelli presso il Tempio di Cibele sul Palatino, fanno pensare che il culto di Attis fosse privatamente praticato accanto a quello di Cibele anche anteriormente alla sua introduzione nel culto pubblico. Il Prof. Romanelli tratterà di queste sue scoperte in un volume di questa serie *Études préliminaires*.

6) *Santuario*, pp. 194-196.

vano, si può dire, il fulcro della iniziazione metroaca così vividamente descritta da Prudenzio (*Peristeph.*, x, 1016, seg.): il battesimo del sangue del toro da cui il tauroboliato usciva *in aeternum renatus*. Il Visconti invero aveva creduto che i tauroboli avvenissero nel piazzale — ove si sono rinvenute le molte iscrizioni riferentisi ai tauroboli e gli altari taurobolici e criobolici — in fosse scavate di volta in volta, ma pare più attendibile l'ipotesi del Calza. Attinente alla cerimonia tauroboliare é, forse, anche il piccolo luogo di culto con una nicchia, due are e un pozzo individuato all'angolo formato dalle mura sillane con la torre, all'inizio del porticato, che corre lungo il lato sud del Campo della Magna Mater. Nulla invece possiamo dire dei due sacelli che si trovano a ovest di quello di Attis, dei quali il maggiore, con pronao, si addossa alla parete ovest dell'Attideion ed é stato datato tra il III e il IV sec., mentre il minore, a semplice recinto, pare sia dell'età degli Antonini. All'angolo del ,,Campo", tra la Porta Laurentina e la torre transformata in *fossa sanguinis*, e alle spalle del sacello di Attis si é scavato un tempietto in laterizio, con due colonne in antis su piccolo podio e cella rettangolare con alto podio sul fondo, che occupa il vertice di un'area trapeziodale con lato, verso il cardo, porticato: esso, dai rinvenimenti epigrafici [1]), é stato identificato col tempio di Bellona (Tav. I, 2), costruito sotto il duovirato di P. Lucilio Gamala, al tempo di Lucio Vero, e ampliato e modificato con tutta l'area alla fine del II sec. quando gli fu costruita di fronte la *Schola* degli *hastiferi* (cella quadrangolare con gradinata d'accesso ristretta alla sola porta, fiancheggiata da due colonne (Tav. II, 4) di granito grigio), che venne a chiudere l'accesso diretto all'area del Tempio di Bellona dal campo della Magna Mater: si aprì allora un ingresso all'area direttamente dal cardo massimo.

Abbiamo visto chiaramente identificati nel santuario metroaco della Porta Laurentina, il tempio della dea, il Sacello di Attis, la *fossa sanguinis*, il Tempio di Bellona e la *Schola* degli *hastiferi*, inoltre resta accertata epigraficamente l'esistenza di *scholae* dei dendrofori e dei cannofori, che potrebbero essere localizzate o negli ambienti lungo il muro settentrionale del santuario o anche in qualcuno dei presunti sacelli o altri ambienti, che si trovano presso

1) *Cf.* Calza, *Santuario*, pp. 198-202, iscriz. 1-4.

il Tempio di Attis. L'evidenza monumentale accanto a quella epigrafica e delle sculture rinvenute, sia nel santuario stesso, sia altrove nella città, danno una chiara immagine dello svolgersi del culto della dea e delle divinità ad essa legate. Particolarmente rilevante é il legame tra Cibele e Bellona attestato chiaramente dalla presenza nel santuario della Magna Mater del tempietto della dea e dell'annessa schola degli hastiferi, che avevano magna pars nel culto di Bellona. Evidentemente in Bellona non é da riconoscere la prisca dea sabina della guerra, che aveva culto in Roma dai tempi repubblicani, quanto la dea, onorata con vari nomi in Asia Minore, introdottasi in Roma nel tardo periodo repubblicano, che si identificò con la Bellona romana: dea della guerra e della fertilità cui si tributava un culto orgiastico é essa Ma, un altro aspetto di Cibele e per questo con lei venerata sino a divenirne *dea pedisequa*[1]). I suoi fedeli chiamati ,,fanatici" erano vestiti di nero e seguivano la processione della dea ferendosi le carni con pugnali e bevendo il proprio sangue. Gli *hastiferi*, cioé portatori di lancia, probabilmente alle origini eseguivano una danza guerresca, come i Coribanti la danza per Cibele, e in seguito formarono la guardia armata del simulacro durante le processioni. Sebbene particolarmente legati al culto di Bellona vediamo che non solo a Ostia, ma anche altrove[2]) essi sono legati alla Magna Mater, il che prova ancora una volta la stretta unione dei due culti: va ricordato a tale proposito il cippo datato intorno al 140 d.C. dalla casa della Fortuna Annonaria: *T. Flavius Epigonus honoratus collegio Astoforum Ostiensium signo M(atris) [D(eum) d(ono) d(edit)?]*[3]) che ricorda il dono, probabilmente di una immagine della Magna Mater, da parte di T. Flavio Epigono al collegio degli Astiferi; come ricorda il Bloch un Flavius Epigonus compare anche nell'album dei cannofori (*CIL*, XIV, 284), che sarebbe stato datato intorno al 200. Se si accetta tale data, i due personaggi omonimi potrebbero essere padre e figlio. Se invece le due iscrizioni sono coeve e quindi

---

1) *Cf.* Calza, *Santuario*, p. 201; Meiggs *Ostia*, p. 360; v. anche A. Garcia y Bellido, *El culto de Ma-Bellona en la España romana*, in Revista de la Universidad de Madrid, V, no 20, 1956, p. 471 segg.

2) *Cf.* le iscrizioni citate dal Calza (*Santuario*, p. 202) a tale proposito.

3) H. Bloch, *Ostia, iscrizioni rinvenute tra il 1930 e il 1939* in NSc, 1953, p. 243, no 7.

il personaggio é lo stesso, avremmo ancora una prova dei legami tra i due culti dato che un cannoforo di Attis sarebbe legato agli *hastiferi* di Ma-Bellona.

Ampiamente documentati dall'evidenza epigrafica sono gli altri due collegi legati più particolarmente al culto di Cibele e Attis: il collegio dei Dendrofori e quello dei Cannofori. Il primo, che é indubbiamente il più importante, in quanto oltre che funzioni cultuali aveva carattere professionale e funeraticio [1]), raggruppava quei fedeli che, nella processione del 22 marzo, recavano il pino sacro adorno di mammole e bende, immagine dell'albero sotto cui Attis si era evirato e simbolo del dio stesso; i Cannofori invece recavano le canne nella processione del 15 marzo (*„idibus canna intrat"*, *CIL*, I, p. 388), canne che probabilmente rievocavano l'esposizione del piccolo Attis tra i canneti delle rive del fiume Gallus, ove Cibele lo rinvenne [2]). Dei due collegi facevano parte uomini e donne, e i dirigenti erano detti *quinquennales*, *curatores* o anche *magistri*, inoltre son noti vari *patroni*, nobili protettori, per lo più persone di rango, che avevano donato al collegio danari e, spesso, statuette di divinità: un *T. Annio Lucullus* donava ai dendrofori una statua di Marte (*CIL*, XIV, 33); *C. Atilius Felix*, *apparator* della Magna Mater (cioé preparatore delle vittime) aveva donato ai dendrofori una statuetta di Silvano (*CIL*, XIV, 53); *Sextus Annius Merops*, *honoratus* del collegio, aveva donato una statuetta della Terra Mater (*CIL*, XIV, 67), e *Iulia Zosime, mater* [3]) una statuetta argentea di Virtus (*CIL*, XIV, 69). [4]).

Al collegio dei cannofori invece erano state dedicate: un'immagine d'argento della Magna Mater, recante una statuetta di Nemesis,

1) *Cf.* De Ruggiero, *Diz. Ep.*, s.v. *dendrophori* (S. Aurigemma).

2) *Cf.* De Ruggiero, *Diz. Ep.*, s.v. *Cannophorus* (F. Cumont).

3) I titoli di *pater* e *mater*, propri degli iniziati mitriaci, si trovano adoperati ad Ostia anche per gli iniziati ai misteri metroaci. Nel caso però dell'iscrizione di *M. Cerellius Hieronymus* (*CIL*, XIV, 70), noto da altre fonti come iniziato mitriaco, l'appellativo di *pater*, deve riferirsi al sommo grado della iniziazione di quel culto, mentre la qualifica di *sacerdos* potrebbe essere riferita al culto di Attis o di Cibele.

4) Particolarmente interessante la dedica della statua di Virtus in quanto questa personificazione può riferirsi all'aspetto militare di Ma-Bellona, che abbiamo visto legata a Cibele. Sotto tale aspetto, in relazione cioé col culto di Bellona, va considerata anche la statuetta di Mars, pure donata ai Dendrofori, mentre sui legami di Terra Mater con Cibele non v'é dubbio.

ad opera dell'*archigallus coloniae Ostiensis* Q. *Caecilius Fuscus* (*CIL*, XIV, 34 = Carcopino, *Asp. Myst.*, 94 no 4); e una statuetta argentea di Attis, con una statuetta di Frux in bronzo dorato (*CIL*, XIV, 35 = Carcopino, *Asp. Myst.*, 94 no 5) ad opera dello stesso personaggio; una riproduzione in argento della pietra sacra (*CIL*, XIV, 36) da parte di *Calpurnia Chelido*; e un'altra statua di Attis da parte di Q. *Domitius Aterianus, pater*, e di sua moglie *Domitia Civitas, mater* (*CIL*, XIV, 37). Accanto a queste statuette di divinità sono ricordati anche un busto argenteo di Antonino Pio (*CIL*, XIV, 97), una testa di Lucio Vero (*CIL*, XIV, 107) e una di Settimio Severo (*CIL*, XIV, 116) e forse una di Caracalla (*CIL*, XIV, 117) donati al collegio o eretti dal collegio stesso in ricordo di benefici ottenuti o semplicemente per onorare l'imperatore regnante.

Se nessuna delle statuette ricordate da queste iscrizioni ci é pervenuta, e ciò probabilmente perché erano in genere di metallo prezioso, abbiamo rinvenuto, come si é detto, la maggior parte della sculture dedicate nel sacello di Attis: la più celebre tra queste é indubbiamente la statua del Museo Laterano, proveniente dagli scavi del Visconti [1]), dedicata *ex monitu Deae*, al *numini Attis* da C. *Cartilius Euplus*: il giovane dio dall'aspetto femmineo, quasi di ermafrodita é presentato giacente su un letto roccioso con un gomito poggiato ad un busto maschile (forse il fiume Gallus, o Giove Ideo), vestito di un breve mantello, che gli vela appena il petto e la parte inferiore della gambe, reca nella sinistra il pedum pastorale e nella destra delle melagrane; il capo coperto di berretto frigio é cinto da una tenia, da una corona di frutta, da un serto di raggi, mentre sull'apice del berretto frigio é una mezza luna. La statua con i suoi simboli solari, pastorali, delle stagioni é un chiaro esempio del culto sincretistico di Attis e di particolare rilievo é la mezzaluna, che dimostra la sua assimilazione col dio anatolico Men [2]) cui allude anche l'epiteto di *Menotyrannos* con cui é chiamato in un'iscrizione greca ostiense (*IG*, XIV, 913). Il carattere sincretistico del culto é sottolineato anche dalle altre statuette rinvenute nel

---

1) *Cf.* R. Calza, *op. cit.*, p. 216, no 8, fig. 17 con bibl. prec.

2) Probabilmente ad Attis, assimilato con Men, si riferisce il piccolo cippo rinvenuto all'Isola Sacra, in cui é rappresentato un berretto frigio sormontato da mezzaluna e stella, inquadrato tra fiaccole (Inv. 929), Tav. IV, 6.

santuario: il Marte giovanile dedicato sempre da *Cartilius* in cui
R. Calza vede Attis stesso, amante di Cibele eterna Afrodite[1];
l'Attis-Dioniso seduto su un leone pure con dedica *C. Cartilius
Euplus*[2]), l'Apollo-Attis dello stesso dedicante [3]) e l'Attis-Ermafrodito[4]). Il legame con Dioniso é ribadito dalla statuetta di Dioniso
stante, con nebride a manto dedicata da un *Volusianus Vir Claris-
simus*[5]), mentre un congruo numero di sculture riproducono Attis
nelle vesti di pastore[6]), la sua morte, il pino a lui sacro o gli animali
che si collegavano con il culto di Cibele. Di singolare interesse é il
rilievo con la morte di Attis (Tav. III, 5), che narra con ingenuità
idillica la fine del dio e ne adombra la resurrezione[7]): su uno sfondo
roccioso ai margini di un fiume, il Gallus, adombrato dalla barbuta
testa di vecchio presso la base del rilievo, Attis giace a terra morente
abbracciando con la mano destra il tronco di un pino; attorno a lui
un toro, che ricorda il taurobolio, un gallo, che divenne il suo
simbolo, un cervo, che secondo una leggenda fenicia sarebbe stato
l'uccisore di Attis, un asino, presente, forse, perché le reliquie del

1) R. Calza, *op. cit.*, p. 217, no 10, fig. 19; Ch. Picard (*Le Pseudo-Mars de
l'Attideion d'Ostie: un Corybante della Magna Mater* in *RA* XLVIII, 1956,
pp. 84-86) pensa che si tratti di un Coribante, io sono piuttosto favorevole
all'ipotesi della Calza, dato il carattere sincretistico delle altre statue del
gruppo.

2) R. Calza, *op. cit.*, pp. 218-219, no 11, fig. 20. Per Dioniso-Attis *cf.* Ch.
Picard, *Dionysos et Attis enfant* in *Memorial G. P. Oikonomos*, I = *Arch.
Eph.* 1953-4 (1955), pp. 1-8.

3) R. Calza, *op. cit.*, pp. 220-221, no 13, fig. 22, in cui vedi per i rapporti
di Apollo con Cibele e Attis.

4) R. Calza, *ibid.*, p. 221, no 14, fig. 23, dove é ricordato che a Cizico era
adorato Attis-Ermafrodito, e a Zante era una statua di Ermafrodito con gli
attributi di Attis. Per Attis-Ermafrodito: Frazer, *Atys et Osiris*, Paris
1926, p. 238; Marie Delcourt, *Hermaphrodite*, Paris 1958, p. 49.

5) R. Calza, *ibid.*, pp. 219-220, no 12, fig. 21. L'identificazione di questo
Volusianus, tauroboliatus col famoso *Ceionius Rufius Volusianus*, prefetto
del pretorio nel 355 e prefetto di Roma nel 365-366 é indiscussa (*cf.* H. Bloch
in *NSc*, 1953, pp. 272-273, no 34). Sotto tale aspetto la dedica rappresenta
un documento interessantissimo per la sopravvivenza del culto metroaco
fino alla fine del IV sec., o come indizio di quel rifiorire del culto metroaco
anche in Roma ad opera degli ultimi aristocratici pagani, tra cui si anno-
verano vari personaggi della famiglia dei Ceionii.

6) R. Calza, *ibid.*, p. 217, no 9, fig. 18 (Attis giacente in abito frigio con
siringa in mano, tibie, pigna e crotali vicino); pp. 222-23, no 15, fig. 24 (Attis
in abito frigio seduto tra le pecore).

7) R. Calza, *ibid.*, pp. 223-224, no 16, fig. 25.

culto venivano portate a dorso d'asino. Dietro al tronco del pino é
una figuretta stante vestita come l'Attis giacente, in cui si deve
riconoscere la bambola di Attis che, durante le feste di marzo, e
precisamente il 22 marzo, era appesa al pino portato in processione
dai dendrofori, per rappresentare Attis stesso morto, ma che sarebbe
resuscitato il 25 marzo insieme con tutta la natura.

Abbiamo dunque ad un tempo riepilogata la morte del giovane
amante di Cibele e la sua resurrezione adombrata dalla presenza
della ,,bambola" allusiva alle cerimonie rituali. Il pino nel rilievo
é ad un tempo l'albero vero sotto cui agonizzò lo sventurato Attis
e l'albero sacro, che si portava in processione. E questo albero, che
tanta parte aveva nella leggenda e nelle cerimonie, ritorna tra i
doni votivi di *Cartilius Euplus*, isolato, carico di pigne e col tronco
avvolto da un serpente, forse per sottolineare con la sua presenza
di genio ctonio, la morte del dio (pianta nella prima parte delle
cerimonie) e renderne quindi più grandiosa la resurrezione [1]). Sempre
del donario di *Cartilius Euplus* fa parte un bel toro, che ha tra le
corna un disco con stella e che può essere o semplicemente allusivo
al taurobolio, proprio dei misteri di Attis e Cibele, o può simbo-
leggiare il dio stesso in quanto il toro era simbolo astrologico della
primavera e Attis rappresentava il risveglio primaverile. Più legati
a Cibele che non al suo paredro sono i cinque animali che compaiono
in un rilievo dello stesso dedicante: due leoni, un cervo, un orso
e una pantera [2]).

Allusivo ad Attis é invece il donario dell'archigallo *M. Modius
Maxximus* (sic) ora al Museo Laterano [3]), in forma di una cista
(o modio, quasi stemma parlante del donatore) sormontata da un
gallo, simbolo del dio, e sui cui fianchi sono rappresentate le canne,
di cui già abbiamo ricordato il significato, Attis bambino, una testa
di leone, una siringa e la testa di Giove Ideo o del fiume Gallus.

Tre statuette di Venere tipo ,,genitrice", una di Venere Anadio-
mene, un'altra drappeggiata, forse di Cerere, ma che potrebbe

---

1) R. Calza, *op. cit.*, pp. 212-213, no 4, fig. 13.
2) R. Calza, *op. cit.*, pp. 214-215, no 6, fig. 15 a-c.
3) R. Calza, *op. cit.*, pp. 215-216, no 7, fig. 16; *CIL*, XIV, 385 = Dessau,
ILS, 4162; Carcopino, *Asp. Myst.*, p. 94 no 6; Frazer, *Atys*, p. 241 nota che
la coda del gallo termina in spighe.

anche essere una Venere [1]) stanno a dimostrare il legame già asserito tra il culto di Venere Genitrice, protettrice degli Eneadi e quindi di Roma in generale e dei Giulii in particolare, e il culto di Cibele, che sarebbe stata anch'essa adottata quale protettrice degli Eneadi e come divinità legata, per questo, alle origini di Roma: Enea, infatti si sarebbe ritirato sul monte Ida e con le legna di quel monte avrebbe costruito le navi con cui veleggiare verso lanuova patria [2]).

Per l'intelligenza dei culti legati a quello di Cibele e del sincretismo che essa e il suo paredro Attis avevano acquistato con altre divinità del pantheon orientale e romano le statuette ricordate sono particolarmente indicative. Dobbiamo ancora vedere qualcosa delle gerarchie sacerdotali del culto ostiense. Sommo sacerdote era l'*Archigallus* di cui si conservano due nomi: il *Q. Caecilius Fuscus* già ricordato a proposito del dono delle statuette al collegio dei cannefori (v. sopra p. 10) e il *M. Modius Maximus* di cui ci é conservata la già ricordata cista votiva sormontata dal gallo (v.p. 12).

Purtroppo anonimo é invece l'archigallo di cui si rinvennero nella necropoli dell'Isola Sacra la statua ritratto recumbente sul coperchio del sarcofago e due rilievi che adornavano la tomba [3]), di grande interesse per la rappresentazione del suo ricco costume e di talune cerimonie del culto: tanto nel ritratto del sarcofago quanto nei due rilievi egli veste tunica manicata, con orlo inferiore frangiato, cinta alla vita da una fascia, lunghe brache e calzari

---

1) *Cf.* R. Calza, *op. cit.*, pp. 225-227, no 18-22, figg. 27-31. A queste si aggiunge la celebre statuetta bronzea di Venere, ora al Museo Lateranense, proveniente dagli scavi del Visconti. Vedansi anche i recenti studi di P. Lambrechts, *Cybèle, divinité étrangère ou nationale* in *Bull. Soc. Anthr. Préhist.*, LXII, 1952, pp. 44-60; id., *Les fêtes ,,phrygiennes" de Cybèle et d'Attis* in *Bull. Inst. Belge de Rome* XXVII, 1952, pp. 141-170.

2) *Cf.* anche A. Bartoli *Il culto della Mater Deum Magna Idaea e di Venere Genitrice sul Palatino* in *Mem. Pont. Acc. Rom. Arch.*, VI, 1947, pp. 229-239 (ricorda che anche presso il Santuario Palatino fu trovata una statua di Venere Genitrice); id., *Tracce di Culti orientali sul Palatino Imperiale* in *Rend. Pont. Acc. Arch.*, XXIX, 1956-57, p. 14 segg.; P. Boyancé, *Cybèle au Megalésies* in *Latomus*, XIII, 1954, pp. 337-342. Su Virgilio e la Magna Mater: H. Graillot, *Le culte de Cybèle*, Paris 1912, p. 108 segg.

3) G. Calza, *NSc*, 1931, p. 511 sgg.; id., *Una figura ritratto di Archigallo scoperta nella Necropoli del Portus Romae* in, *Historia*, VI, 1932, pp. 221-237; id., *La necropoli del Porto di Roma all'Isola Sacra*, Roma, 1940, p. 205 segg.; R. Calza, *Il Museo Ostiense*, Roma 1947, p. 32, no 158, 159, 160.

stretti alla caviglia, e un pallium o forse una toga; sul capo ha un'alta corona, ornata di bustini di divinità, cinta al di sopra da un nastro (la mitra?) o legata da un nastro; al polso destro ha un alto bracciale (forse l'*occabos* di cui parla Esichio) adorno delle immagini di Cibele e Attis, e la mano sinistra é carica di anelli.

Nella scultura sul coperchio del sarcofago egli reca in mano un ramo del pino sacro ed ha presso i piedi una cista cui si avvolge il serpente [1]. Nei due piccoli rilievi lo stesso archigallo é rappresentato in diverse cerimonie: nell'uno, in cui egli si appressa con due fiaccole in mano ad un pino da cui pende un tintinnabulum e sotto cui, su un'aretta, é un simulacro di Attis, é probabilmente rappresentata la cerimonia dell'arsione del pino sacro al termine delle feste. Nell'altro, invece, é una cerimonia in onore di Cibele, infatti l'archigallo é in atto di bruciare incenso o frutta su un incensiere, che arde dinanzi ad un alto basamento (forse anche una colonna) su cui é una statua di Cibele, seduta tra due fiaccole e avente dinanzi, su un piccolo tavolo tondo a zampe leonine, una statuina di Mercurio. La cerimonia in sè non é particolare del culto metroaco, più interessante é invece la rappresentazione della dea con corona turrita e ampia collana, tra le fiaccole, senza i leoni che solitamente l'accompagnano, e associata e Mercurio [2]. Sarebbe logico pensare che il simulacro qui rappresentato riproducesse una realtà ostiense e non fosse un generico riferimento al culto, tanto più che i due rilievi con la rappresentazione del vivido ritratto del committente non furono certo eseguiti in serie. D'altro canto non sapremmo dire se il simulacro fosse quello del metroon di Porta Laurentina o quello del Metroon di Porto o dell'altro luogo di culto postulato

1) Come dimostra anche quella dedicata dall'Archigallo M. Modio Massimo, la cista doveva avere grande importanza nel culto metroaco, il Graillot, p. 129, pensava contenesse le parti vitali di Attis; essa veniva portata in processione insieme al simulacro di Cibele. *Cf.* Ch. Picard, *Les apprêts de l'ordination d'un galle* in *RHR*, CII, 1930, pp. 5 segg.; Cumont, *Symb. fun.*, p. 390 e fig. 78; Pl. XLI, 1.

2) Il Calza in *Historia*, 1932, p. 236 notava che Cibele si trova spesso associato a Mercurio in bassorilievi greci e che le fiaccole possono derivarle dalla sua assimilazione con Demetra. Associata a Hermes appare una dea seduta in trono, tra due sfingi, che probabilmente é Cibele assimilata a Rea, nel relievo di un' ara rinvenuta nel piazzale delle Corporazioni (Inv. 1211); cfr. *NSc*, 1914, 289, fig. 6.

in base ad un'iscrizione (v. sopra, p. 2.) sulla riva destra del Tevere. Dato per altro che la tomba era nella necropoli dell'Isola Sacra, che si collega a Porto, é più probabile che l'archigallo, e quindi il simulacro, fosse quello del Metroon portuense [1]).

Al di sotto dell'*archigallus* erano dei *sacerdotes* che potevano essere sia uomini, sia donne: si é rinvenuto un sarcofago, ora al Museo Vaticano [2]), di *Metilia Acte, sacerdos* della Magna Mater della Colonia Ostiense, che reca sul coperchio, ai lati della tabella iscritta, fiaccole, timpano, cembali, doppio flauto e altri simboli metroaci. Un' altra sacerdotessa, ma del Metroon del *Portus Augusti et Traiani Felicis, Salonia Euterpe,* é ricordata in una iscrizione funebre (*CIL*, XIV, 408 a).

Tra i sacerdoti abbiamo il ricordo di un *L. Valerius L. fil. Fyrmus, sacerdos Isidis Ostens. et M(atris) d(eum) Trastib.* [3]), in un cippo adorno dell'immagine del sacerdote in abito frigio—a meno non si tratti di Attis—e simboli, tra cui il gallo, il fiore di loto e vasi lustrali, riferibili al culto di Cibele e di Iside [4]). Un sacerdote della Colonia Ostiense, *Valerius Pancarpus,* é ricordato nell'iscrizione tauroboliare di *Aemilia Serapias* (*CIL,* XIV, 39); di un altro, *Iulius Charelampe,* abbiamo l'iscrizione funebre (*CIL,* XIV, 4627), che ricorda che per 19 anni *induxit arbores;* mentre un *M. Clodius Fe* .... appare nella iscrizione crioboliare o tauroboliare (*CIL,* XIV, 4304); di un *C. Iulius Spicus sacerdos M.D.M. et Aesculapis* si é rinvenuta l'iscrizione funebre nella necropoli dell'Isola Sacra [5]); del Metroon dei due porti era sacerdotessa *Salonia Euterpe* (*CIL,* XIV, 408 = Thylander, B 142).

1) E' interessante ricordare che il Calza trova nei caratteri prettamente virili del ritratto e nella maestà del personaggio, che viene messa in luce anche dalle fonti letterarie relative all'*archigallus,* la conferma del fatto, già puntualizzato dal Cumont e dal Carcopino, (*Mélanges d'arch. et d'hist.,* 1923, p. 154 seg.; 237 seg.), che l'archigallo nella religione imperiale romana non era un eunuco. Probabilmente, con la riforma di Claudio, sarebbero stati radiati dai quadri della religione ufficiale anche i *galli,* che, nella tradizione frigia, erano appunto *semiviri* e si sarebbe istituito *l'archigallus,* sommo sacerdote che aveva il comando di tutto il sacerdozio.

2) Amelung, *Kat. Vat. Mus.,* I, p. 429, tav. 45; *CIL,* XIV, 371.

3) Sull' interpretazione di questa iscrizione (*CIL* XIV, 429) *cf.* p. 2. Metroon Transtiberim: *cf.* Graillot, 336; 341 n. 2.

4) Benndorf-Schöne, *Sculpt. Later. Mus.,* p. 52; 80.

5) G. Calza, *La Necropoli del Porto di Roma all'Isola Sacra,* Roma 1940,

Probabilmente era sacerdote della Magna Mater anche il *Bassus sacerdos* ricordato come patrono del *C. Atilius Felix apparator* della Magna Mater, già ricordato a proposito del dono di una statua di Silvano ai dendrofori.

Data la parte che la musica aveva nelle cerimonie, metroache non ci stupisce che siano ricordati anche un tibicine della Magna Mater portuense *M. Curtius Rusticus*, (*CIL*, XIV, 408 b = Thylander, B 142), e una *tympanistria*, *Culcia Metropolis*, anch'essa del Metroon *utriusque Portus* [1]).

Quanto alle cerimonie e alle feste che si svolgevano in onore di Cibele e Attis non abbiamo alcuna precisa menzione che riguardi Ostia, probabilmente esse erano quelle comuni anche a Roma e non vi era nulla di diverso, o almeno niente di quanto oggi conosciamo ce lo fa sospettare.

Particolare rilievo dovevano avere i tauroboli e i crioboli e abbiamo visto come il Calza abbia identificato nella torre Sillana la *fossa sanguinis* per le iniziazioni, ma accanto ai tauroboli individuali abbiamo ad Ostia ricordo epigrafico di tauroboli fatti pubblicamente, forse dal collegio dei Cannofori, in onore dell'imperatore, della casa imperiale, del Senato, dell'esercito, dei decurioni ostiensi ecc.: uno (*CIL*, XIV, 40; S. 4301) é in onore di Marco Aurelio, Commodo, Faustina ecc.; un altro é *pro salute et reditu* forse di Severo Alessandro e Giulia Mammea (*CIL*, XIV, 4303); un altro (*CIL*, XIV, 42) di Treboniano Gallo e Volusiano; un altro ancora (*CIL*, XIV, 43) *pro salute et reditu* di un imperatore. A Porto in particolare si facevano tauroboli in occasione delle partenze imperiali per vaticinio dell'Archigallo [2]); di crioboli in onore di un imperatore abbiamo notizia dall'iscrizione *CIL*, XIV, 41 = S. 4302 e forse in S. 4304.

Abbiamo visto fino ad ora le tracce del culto ufficiale, i santuari e le statue ivi dedicate, le iscrizioni, che ricordano sacerdoti, collegi,

p. 280; H. Thylander, *Inscriptions du Port d'Ostie*, Lund 1952, A 142 (evidentemente si tratta di un sacerdote del Metroon portuense; interessante l'abbinato sacerdozio di Esculapio).

1) Calza, *Necropoli*, pp. 269 e 279; Thylander, A 92.
2) Cf. Ulpianus, *De excusationibus, Fragmenta Vaticana*, 148: „Is qui in portu pro salute imperatoris sacrum facit ex vaticinatione archigalli ecc."

cerimonie. Ma la diffusione del culto in Ostia é documentata anche da oggetti d'arte minore rinvenuti sporadicamente nello scavo: si tratta ad esempio di una serie di antefisse fittili [1]) in cui é rievocato l'arrivo in Italia, e particolarmente a Ostia, della Magna Mater: su una nave é infatti rappresentata non la pietra nera, ma un simulacro della dea, con corona turrita e scettro, assisa tra due leoni. Rinvenute in vari luoghi dello scavo, se anche non di fabbrica ostiense, dimostrano il favore ampiamente goduto dal motivo, che si collegava alla storia della città. Lo stesso motivo della dea in trono tra due leoni compare sulle lucerne [2]) mentre é dubbio se la dea seduta sul dorso del leone in corsa di altri esemplari [3]) sia Cibele o non piuttosto la Caelestis. Per Cibele farebbe propendere la analogia con la statua della spina del Circo Massimo. Forse al culto metroaco possono collegarsi anche le lucerne configurate a forma di pigna [4]) data l'importanza che il pino e i suoi frutti avevano nel culto di Attis.

Attis fanciullo é rappresentato in una statuina fittile (Inv. 3265; Tav. XV, 22), e compare in un minuscolo amuleto di bronzo (Inv. 5440) fatto per essere appeso al collo.

Si é visto che il primo contatto di Cibele con Ostia risale all'introduzione stessa del culto in Roma, ma che non troviamo certi documenti di un santuario organizzato prima dell'età adrianea, per quanto, riconoscendo un carattere sacro ai resti struttivi del primo secolo rinvenuti nell'ambito del santuario noto, potremmo pensare anche ad un primo impianto presso Porta Laurentina già in età Giulio-Claudia, in coincidenza con l'introduzione nel culto ufficiale romano anche di Attis, sotto Claudio. Gli aspetti del culto sono quelli noti anche da Roma ed é significativo a tale riguardo che anche ad Ostia Cibele sia onorata come a Roma (dove tale aspetto

1) Inv. 3423-3427. Una di esse proviene dal piazzale delle corporazioni (NSc, 1912, p. 437). Interessante notare che un esemplare simile é stato rinvenuto negli scavi del Boni sul Palatino nella zona delle capanne preistoriche, in vicinanza, quindi, del Tempio di Cibele. Un' esemplare nel Louvre, Coll. Campana: Graillot, 341, n. 1; 340, n. 6.
2) Inv. 2752-2753. Il secondo esemplare frammentato era forse del tipo con Attis a fianco di Cibele (cf. Walters, Lamps in B.M., no 1045, tav. XXXI).
3) Inv. 2754-2755.
4) Inv. 2735-2739. Cf. anche Ch. Picard in Numen IV, 1957, p. 10 seg.

risale già all'età Sillana) sotto l'aspetto guerriero di Ma-Bellona. La parabola del culto segue quello della capitale; il sorgere di un Metroon anche a Porto, la possibile esistenza di un altro centro di culto anche sulla riva destra del Tevere i numerosi tauroboli in onore degli imperatori del II e III secolo, la ricchezza di documentazioni dimostrano l'importanza di questo culto in Ostia: esso é stato il primo culto straniero ad essere introdotto nella città, e l'ultimo, forse, a cedere dinanzi al Cristianesimo trionfante se ancora alla fine del IV secolo Ceionio Rufio Volusiano dedicava un ultimo dono votivo nel sacello di Attis. Ciò forse é spiegabile non tanto o non soltanto per il carattere mistico del culto quanto perché, come notammo, il culto di Cibele sin dagli inizi era stato considerato come culto di stato legato alle origini stesse di Roma.

CAPITOLO II

IL CULTO DI ISIDE, SERAPIDE E DI ALTRE DIVINITÀ EGIZIANE

Anche per il culto delle divinità egiziane in Ostia i grandi scavi condotti dal Calza nell'immediato anteguerra han dato importanti risultati confermando quando l'evidenza epigrafica e letteraria avevano fatto presupporre [1]: infatti lo scavo degli isolati a sud della cosiddetta via della Foce, all'estremo limite occidentale dell'area fino ad oggi rimessa in luce, ha rivelato un Serapeo (Reg. III, Insula XVII, 4), evidentemente il santuario che i Fasti Ostiensi davano come dedicato ad opera di un .... *Caltilius P* [....] nel 127 d.C. il 24 gennaio, giorno natalizio di Adriano [2]). Il santuario fa parte di un complesso di case, magazzini, terme che occupano un'area trapezoidale (rimasta libera tra precedenti costruzioni [3]), tutte circa di età adrianea) eretti quasi contemporaneamente in un periodo che va dal 123 al 127. Rientrano dunque, come notò già il Becatti, nel piano urbanistico traiano-adrianeo di sistemazione di questa regione. L'area trapezoidale, che ha la sua base maggiore su via della Foce é traversata da una via interna cieca (la cosiddetta Via del Serapeo) su cui si allineano a est le terme della Trinacria (Reg. III, Ins. XVI, 7) col caseggiato a Taberne (Ins. XVI, 6), che ha la fronte porticata su via della Foce e ad Ovest il caseggiato (Ins. XVII, 2) col Mitreo della Planta Pedis, quello Ins. XVII, 3, il Serapeo e il caseggiato di Bacco e Arianna (Ins. XVII, 5). Come é chiaro non solo dalla contemporaneità della costruzione, ma anche dalla pianta originaria degli edifici

1) Per i culti Egiziani a Ostia *cf.* Ross Taylor, *Cults*, p. 66 segg., Paschetto, pp. 165-167, Meiggs, *Ostia*, pp. 366 sgg; H. Schaal, *Ostia*, p. 145 sg.

2) Degrassi, *Inscript. Italiae*, XIII, 1, *Fasti et Elogia*, Roma 1947, pp. 205-234. Per la datazione: cf. *Scavi di Ostia*, I, Roma 1953, p. 138; H. Bloch, *The Serapeum of Ostia and the Brick-Stamps of 123 A.D. A new Landmark in the history of Roman Architecture* in *AJA*, LXIII, 1959, pp. 225-240; R. Meiggs, *Ostia*, p. 367 sgg.

3) Ad Ovest gli Horrea ancora inesplorati databili tra il 112 e il 117, ad Est l'Ins. XI, 1, 2, 4 degli inizi dell'età adrianea.

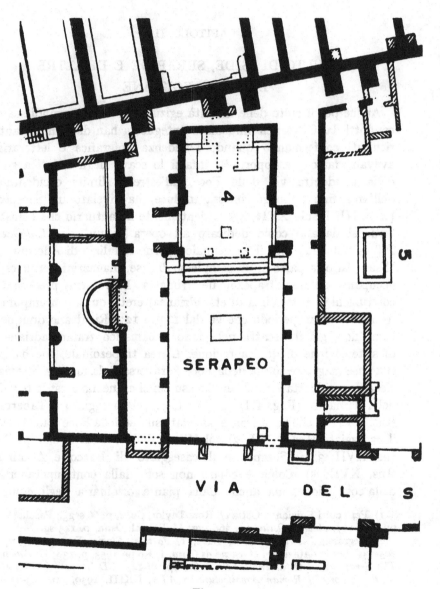

Fig. 2

facevano parte del Santuario i caseggiati a nord ed a sud di esso (Ins. XVII, 2-3, Ins. XVII, 5) che erano in diretta comunicazione con il piazzale porticato in cui sorgeva il tempio vero e proprio; fabbricati che, con le loro grandi sale tricliniari e i loro vari ambienti e cortili, erano probabilmente destinati a cerimonie del culto e ad abitazione dei ministri di esso (fig. 2; Tav. V, 7).

Non escluderei che fossero in relazione col Santuario anche le terme della Trinacria ed il vicino caseggiato (Ins. XVI, 6) con portico su Via della Foce: infatti adornava uno dei piloni del portico un tabellone con intarsio in pomice rappresentante un toro, evidentemente Apis [1]). Per altro la decorazione può anche essere stata ispirata dalla immediata vicinanza del Serapeo, senza che l'edificio avesse diretta relazione con esso (Tav. VII, 10).

Il Serapeo vero e proprio si presenta con l'aspetto caratteristico in Ostia dei templi collegiali i quali sorgono in un' area porticata: qui all'area si accede da via del Serapeo, per un portale la cui soglia é adorna di un mosaico col bue Apis. Parimenti a mosaico con scene nilotiche, di cui si preservano pochi lacerti, é pavimentato il cortile dinanzi al tempio, mentre i due porticati, che corrono lungo i due lati maggiori, hanno pavimento ad intarsio marmoreo, più tardo o restaurato in epoca tarda, dato che vi si trovò reimpiegata la lastra marmorea di un timpano iscritto *Iovi Serapi* [2]), che probabilmente più che nel tempio stesso, doveva esser collocato sul portale d'ingresso al santuario. Dai portici si aveva accesso ai caseggiati vicini, che, come abbiamo accennato, facevano originariamente parte del Santuario. In fondo alla corte era il piccolo tempio in mattoni, su alto podio cui si accedeva da una scalea più volte restaurata, con pronao adorno di due colonne di granito e pavimentato in mosaico con inserzione di formelle in marmo policromo. La cella, più larga che lunga, ha sul fondo un alto bancone che fu ampliato già durante la costruzione, e che forse era rivestito di intarsi preziosi, dato che, durante lo scavo, furono rinvenute proprio qui sottili lamelle di madreperla, agata e altre pietre dure. Purtroppo oggi il tempio ci appare nel suo scheletro, privo di quei rivestimenti

---

1) *Cf.* M. Floriani Squarciapino, *Ostia. Lastra fittile con intarsio in pomice* in *NSc*, 1956, pp. 59-61 (Inv. no 5439).
2) *FA*, VIII, 3680; H. Bloch, *op. cit.*, p. 226.

marmorei, degli stucchi, delle pitture, che ne dovevano costituire il decoro, ma i resti di mosaici sia nell'area antistante, sia negli ambienti dei caseggiati limitrofi, che ne erano in dipendenza, dimostrano la sua ricchezza all'atto dell'impianto. Probabilmente solo verso la fine del III o gli inizi del IV secolo il Serapeo, forse perché il culto era meno fiorente, si restrinse alla sola area porticata intorno al tempio, dato che in questo periodo l'ins. XVII, 3 fu trasformata in una di quelle domus signorili del tardo impero che costituiscono una delle caratteristiche più salienti dell'edilizia ostiense [1]), e dato che anche il caseggiato di Bacco e Arianna ne fu separato.

Prima di esaminare le testimonianze epigrafiche, che si riferiscono al culto di Serapide sia in Ostia stessa sia a Porto, dobbiamo ricordare il mitreo che, sorto nell'ambito del Serapeo, dimostra con le sue caratteristiche, il legame che, anche ad Ostia, esistette tra i due culti in età più antica di quanto non pensasse il Cumont [2]). Tale legame, già é stato brillantemente dimostrato dal Becatti le cui conclusioni esporrò facendole mie [3]).

Il mitreo della *Planta Pedis*, sorse in un edificio (Reg. III, Ins. XVII, 2) a sud del Serapeo, situato tra quello originariamente connesso col tempio, poi trasformato in *domus* tarda, e gli Horrea trapezoidali (Reg. III, Ins. XVII, 1) che chiudono a sud la Via del Serapeo. Il mitreo aveva una nicchia di fondo tra le cui ante era l'altare mitriaco a tre ripiani ai cui lati erano la basi delle statuette di Cautes e Cautopates, mentre dinanzi doveva essere l'ara (Tav. XIII, 17).

Lungo i lati dell'ambiente correvano le banchine laterali, sembra anzi che solo su un lato vi fosse la caratteristica kline, mentre sull'altro é solo un bancone. Il pavimento a mosaico bianco con riquadrature nere aveva la figurazione di un serpente e, proprio in corrispondenza dell'ingresso, una pianta di piede destro calzata e appuntita (da cui appunto il mitreo deriva il suo nome). Nell'ori-

---

1) G. Becatti, *Case Ostiensi del tardo impero* in *BArte*, 1948, pp. 102-128, 197-224. La domus accanto al Serapeo non é qui considerata, perché non era stata ancora completamente scavata.

2) F. Cumont, *Textes et Monuments figurés relatifs aux mystères de Mithra*, I, p. 332, nota 4. Il Cumont infatti ha insistito sulla rivalità tra il culto mitriaco e quello egiziano, e pensava che, solo alla fine del IV sec. d. C. i sacerdoti di Mitra sarebbero stati anche sacerdoti di Iside.

3) *Scavi di Ostia*, vol. III: G. Becatti, *I Mitrei*, Roma 1954, pp. 77-85.

ginario pavimento in cocciopesto del mitreo, rinvenuto sotto quello musivo, si é trovata, in analoga collocazione della *planta pedis* in mosaico, una identica impronta incavata in un frammento di laterizio (Tav. XIII, 18).

Come ha dimostrato Margherita Guarducci [1]) le impronte di piedi e i piedi votivi così frequenti nel mondo antico hanno vari significati tra cui quello di evocazione del dio e di desiderio di seguirne le orme, concetto questo che é alla base anche dei piedi votivi sormontati dal busto di Serapide e attorti da un serpente, come dimostra anche l'iscrizione di un fedele di nome Aetos in un piede votivo rinvenuto in Siria: „tenendo il piede, tenendo il piede sul piede, ho dedicato a Serapide" [2]). Il ritrovare l'impronta del piede sulla soglia del Mitreo vicino al Serapeo, dimostrerebbe il legame dei due culti o almeno l'influenza che l'uno ebbe sull'altro, influenza tanto più spiegabile se si pensi all'assimilazione di Serapide con Helios e alla stretta connessione di Mitra con la divinità solare. Del resto l'esempio ostiense di legami tra i due culti non sarebbe un *unicum*: il Becatti ricorda la dedica a Zeus Serapis Helios rinvenuta nel Mitreo delle Terme di Caracalla; il rinvenimento a Virunum di una dedica a Mitra insieme ad una statua di Serapide; dedica e statua di Serapide rinvenute nel Mitreo di Merida; e il rinvenimento a Soli in Cipro di un Mitreo annesso al Serapeo.

L'impianto del Mitreo accanto al Serapeo, sarebbe di poco posteriore all'età adrianea dato che é stata rinvenuta sull'altare una dedica al *Sol Invictus Mithra* del *sacerdos Florius Hermadio, pro salute Augustorum*, che il Becatti pensa siano Marco Aurelio e Commodo [3]). Oltre che con il culto mitriaco il culto di Serapide ad

1) M. Guarducci, *Le impronte del „Quo Vadis" e monumenti affini figurati ed epigrafici* in *Rend. Pont. Acc. Arch.*, XIX, 1942-43, pp. 305-344. Proprio in via della Foce, cioé nelle adiacenze del Serapeo, si é rinvenuto un bustino frammentato di Serapide in porfido rosso, con serpente attorto, che doveva essere inserito in un piede (Inv. 209).

2) G. Becatti *Mitrei* p. 81, e nota 4 per bibl. prec.

3) G. Becatti, *Mitrei*, p. 82. Altro legame tra i culti orientali ed egiziani é da riconoscere, secondo il Becatti, in due iscrizioni rinvenute l'una nel Mitreo e l'altra nel Serapeo; la prima é la dedica di un *labrum* a opera di Marco Umbilio Critone (identificato con lo scultore del gruppo di Mitra rinvenuto nel Mitreo delle Terme del Mitra, il quale avrebbe avuta la citta-

Ostia presenta qualche legame con i culti di Ercole e dei Dioscuri, come attesterebbero due basi, ancora inedite, rinvenute nella zona con dediche a queste divinità in onore di Giove Ottimo Massimo Serapide. D'altra parte ricordando l'importanza del culto di Ercole [1]) e dei Dioscuri [2]) a Ostia non ci può stupire che queste divinità siano state onorate anche dai devoti di Serapide nell'ambito del suo santuario, era un modo di legare in una sola fede gli dei vecchi e quelli nuovi.

Delle gerarchie sacerdotali abbiamo scarse notizie: é nominato un *neocorus* in un frammento di iscrizione (*CIL*, XIV, 4325), come pure in una iscrizione greca (*IG*, XIV, 920) rinvenute ad Ostia, ma che la Taylor aveva riferito al Serapeo di Porto sebbene, come nota anche il Meiggs, l'attuale rinvenimento di un Serapeo anche ad Ostia non renda necessaria l'attribuzione di tali iscrizioni al santuario portuense, la cui esistenza é documentata da una serie di iscrizioni greche [3]). Sebbene le iscrizioni riguardanti il Serapeo portuense siano prevalentemente in greco, mentre quelle del Serapeo di Ostia sono prevalentemente in latino, a Ostia stessa si

dinanza romana per intercessione del Senatore *M. Umbilius Maximus*), la seconda é la dedica di una statua del figlio dello stesso M. Umbilio Massimo.

1) A Ostia si é trovato un antico tempio di Ercole (Reg. I, Ins. XV, 5) in una area sacra lungo via della Foce (*Scavi di Ostia*, I, p. 106) non lontano quindi dal Serapeo. Sul culto oracolare di Ercole a Ostia (*cf.* G. Becatti in *BCom*, LXVII, 1939, pp. 37-60; e *BCom*, LXX, 1942, pp. 115-125).

2) I Dioscuri, probabilmente per la loro connessione con la navigazione, avevano antico culto in Ostia (Ross Taylor, *Cults*, pp. 22-26; Paschetto, pp. 149-150; Meiggs, *Ostia*, pp. 343-346; H. Bloch in *NSc*, 1953, p. 246, no 10; G. Barbieri in *Athenaeum*, XXXI, 1953 p. 166 sgg.) ove il 27 gennaio di ogni anno il *praetor urbanus* celebrava giuochi per la salute del popolo romano.

3) Il Serapeo di Porto é documentato senza possibilità di dubbi da una serie di iscrizioni in greco (*IG*, XIV, 914-921) per lo più degli inizi del III sec. (la 914 é posta per la salute di Severo Alessandro e Giulia Mamea, la 917 per Settimio Severo, Caracalla e Giulia Domna). In genere i dedicanti sono legati ad Alessandria (uno (916) é Senatore di Alessandria) o alla flotta Alessandrina (G. Valerio Sereno (917) era ἐπιμελητὴς παντὸς τοῦ 'Αλεξανδρείνου στόλου) che riforniva di grano Roma e che, dopo la costruzione dei porti di Claudio e di Traiano faceva scalo direttamente ad Ostia e non più a Pozzuoli. Il rito qui, come dimostrò già il Dessau (*Bull. Ist.*, 1882, p. 152 sgg.) doveva essere modellato su quello alessandrino. Le iscrizioni ci danno alcuni nomi di sacerdoti e attendenti del Tempio (*cf.* anche Meiggs, *Ostia*, pp. 387-388; Ross Taylor, *Cults*, pp. 72-74).

sono rinvenute iscrizioni greche con dedica a Serapide, evidentemente perché poste da dedicanti di origine greca o per influsso del culto Alessandrino praticato prevelentemente a Porto. Tale é il caso dell'iscrizione di un Π. 'Ακύλλυος Θεόδοτος trovata lungo il decumano (CIL, XIV, p. 613, al no 47). Particolarmente interessante sarebbe poter accertare la sicura provenienza da Porto dell'iscrizione, ora al Museo Capitolino, con dedica Διὶ 'Ηλίῳ Μεγάλῳ Σαράπιδι καὶ τοῖς Συννάοις Θεοῖς del νεωκόρος Λ. Κάσσιος Εὐθύχης (IG,. XIV, 915 = CIL, XIV, 47 = Thylander, B 304), infatti mi pare che la provenienza portuense sia stata supposta per analogia con le altre iscrizioni greche colà rinvenute e perché non si sospettava la presenza di un Serapeo ad Ostia. Se invece si potesse postulare un rinvenimento Ostiense, dovremmo non solo riferire a questo Serapeo i numerosi oggetti offerti dal generoso donatore (3 altari, una lampada d'argento, una lampada polilicne, un incensiere, delle basi), ma pensare, data la menzione dei Συννάοις Θεοῖς, che il Serapeo ostiense fosse anche dedicato al culto di Iside, che più volte appare nell'epigrafia ostiense. Ma prima di trattare di tale questione vediamo altri documenti del culto di Serapide. Accanto al tempio, che abbiamo ampiamente descritto e cui si possono riferire le iscrizioni ricordate, altri sacelli di Serapide dovevano esistere nella città, data l'ampia diffusione del culto; ce lo fa chiaramente intendere l'episodio dell'Octavius di Minucio Felice, che dá origine alla disputa sul cristianesimo [1]), ce lo dichiara, ad esempio, il sacello con la figura in stucco dipinto di Serapide seduto (Tav. VI, 9), scoperto nel cortile del caseggiato del Serapide (Reg. III, Ins. X, 3), che sorge poco discosto dal Serapeo [2]), o la statua di Serapide in trono, ora nel Museo di Ostia, rinvenuta presso il tempio che si erge al centro del piazzale delle Corporazioni [3]).

Accanto a queste opere maggiori Ostia ci ha restituito una serie considerevole di bustini e statuine in marmo che probabilmente

1) Min. Fel., Octavius, II, 4: Cecilio, mentre cammina con l'amico lungo la riva del mare, vedendo una statua di Serapide si bacia ritualmente la mano in atto d'omaggio.
2) Scavi di Ostia, I, p. 138; AA, LII, 1937, p. 385; Meiggs, Ostia, p. 368.
3) Inv. 1210. La statua già conosciuta dal Paschetto (p. 370) é stata recentemente ricomposta da Raissa Calza, che ne ha identificata la testa.

adornavano case private o erano oggetto di culto nei larari [1]), tra
queste segnalerò in particolare, per fine esecuzione, una deliziosa
statuina del dio seduto in trono con accanto il cane tricipite, che si
ispira evidentemente a quella famosa di Briasside [2]), rinvenuta
in via della Foce insieme al bustino di porfido, forse montato su
piede, di cui si é detto, ad un torso di statua egizia di steloforo
coperta di geroglifici [3]) a due statuine di Iside [4]) ad un bustino in
bronzo del dio (Tav. V, 8 b) uscente da un calice d'acanto e destinato
ad essere inserito su una basetta (Inv. 3551). Il rinvenimento di
questo complesso di sculture nelle vicinanze del Serapeo e di un
sacello di Serapide potrebbe far pensare che esse provenissero dal
tempio, o documentare un particolare culto nella zona. Certo dal
tempio proveniva il frammento egizio di steloforo, tanto più che proprio a via del Serapeo, dinanzi all'ingresso del santuario, si é trovato
il frammento delle gambe di una statua egizia in basalto nero.
Evidentemente anche nel Serapeo ostiense erano raccolte sculture di
stile egizio, che contribuivano a ,,creare l'atmosfera''. Altri due
bustini bronzei del dio fanno parte delle collezioni ostiensi; particol-
larmente interessante per il luogo del rinvenimento é uno di essi,
che fa parte di quel complesso di bronzi trovati nell'edificio delle
Pistrine [5]), che si suppone adornasse l'attiguo sacello di Silvano. La
presenza in tale sacello di una statuina di Serapide (Tav. V, 8 a) prove-
rebbe quel tentativo di conciliare culti vecchi e nuovi già segnalato

---

1) Inv. 176, bustino di Serapide in marmo dal pizzale della Vittoria; inv.
201, bustino di Serapide in marmo; 202, bustino in marmo pure dal piazzale
della Vittoria; 203, statuina acefala del dio in trono; 204, testina in marmo
dal Decumano; 205, testina in marmo dalle vicinanze di Porta Laurentina;
206, testina da Via dei Vigili; 210, tronco di statuetta. Devo le notizie dei
luoghi di rinvenimento alla Signora Raissa Calza che, con la solita gentilezza,
mi ha consentito di profittare del suo lungo lavoro di ricerca e di schedatura
delle sculture Ostiensi. Le sculture sono del II e III sec. e si ispirano generalmente al tipo briassideo e a qualche libera rielaborazione.

2) R. Calza, *Museo Ostiense*, 1947, p. 17 (Inv. 1125).

3) Inv. 208; S. Donadoni, *Una statuetta egiziana da Ostia* in *Studi in onore
di I. Rosellini*, II, Pisa 1955, pp. 59-71.

4) L'una (Inv. 211) è in marmo, l'altra (Inv. 1126) è in prezioso alabastro
ed aveva braccia e testa (oggi perduti) inseriti e probabilmente in marmo
bianco, secondo una tecnica assai frequente specie in piccoli simulacri di
divinità orientali o egizie.

5) Inv. 3549; Cf. *NSc*, 1915, p. 252, no 8, fig. 13 a.

e il legame del dio egizio con quello latino, già intuibile nella dedica di C. *Pomponius Turpilianus* (*CIL*, XIV, 20) *pro salute et reditu* di Antonino e Faustina, a Iside, Serapide,Silvano e ai Lari. Il secondo bustino [1]) proviene dal così detto ,,Piccolo Mercato" e poteva far parte o di un larario privato o di un luogo di culto pubblico. La diffusione del culto di Serapide ci é documentata anche dal favore goduto dalla sua immagine per castoni di anelli: in una corniola ovale é inciso Serapide in trono con ai piedi Cerbero (Inv. 4368), in un'altra (Inv. 4370) é il busto del dio.

E il dio compare anche in oggetti d'uso comune della materia più umile e alla portata di tutti: nelle lucerne ove, ora adorna il manico sotto forma di bustino (Inv. 3178-3179, 3190) ora compare nel disco (Inv. 5419); o viene plasmato in povere e rozze statuine fittili (Inv. 3227), o il suo busto viene adattato a sostegno di lampada o forse a modesto incensiere come si potrebbe pensare del bustino fittile (Inv. 3226) che reca sul capo, in luogo del solito modio, una specie di coppa.

Dal quadro dei rinvenimenti, dalla varietà dei materiali e degli oggetti rinvenuti dal fatto che la maggior parte di essi, anche quelli di materie più preziose, quali il marmo e il bronzo, siano opere di un modesto artigianato e di piccole dimensioni, e quindi più accessibili a tutti, possiamo facilmente arguire quanto il dio egizio fosse onorato, anche privatamente, dalla popolazione di Ostia e di Porto.

Abbiamo accennato alla ricca documentazione epigrafica del culto di Iside ad Ostia e a Porto [2]) che aveva fatto postulare l'esistenza tanto in Ostia quanto in Porto di un Iseo, prima ancora che si ritenesse probabile o certa quella di un Serapeo. Purtroppo lo scavo ancora non ci ha rivelato il Santuario della dea, ma la circostanza del rinvenimento del 1862-64 di molti oggetti riferibili al culto isiaco ,,in prossimità del Tevere" [3]) farebbe credere che in quella zona si debba ricercare il Santuario. Purtroppo le notizie assai vaghe non consentono una maggior precisazione. Il Paschetto,

---

1) Inv. 3550; Cf. *NSc*, 1908, p. 248.
2) *Cf.* Paschetto, pp. 165-167; Ross Taylor, *Cults*, pp. 67-72; Meiggs, *Ostia*, pp. 368-370.
3) *Giornale di Roma*, 18 marzo 1862 (*cf.* Paschetto, pp. 401-402).

collazionando varie notizie del „Giornale di Roma" prospetta la possibilità di due punti della riva del Tevere — o presso il così detto palazzo imperiale, o nei pressi del Capitolium — propendendo per il secondo; d'altro canto il rinvenimento del Serapeo nella zona di via della Foce potrebbe piuttosto farci propendere per l'ubicazione dell'Iseo in una zona finitima e quindi piuttosto verso il „palazzo imperiale". Un 'iscrizione rinvenuta presso la riva del Tevere, non lontano dai presunti *navalia*, in cui si parla di *tabernae* in relazione con Iside e Serapide [1]), che parrebbe avere un valore topografico più che sacrale, potrebbe avvalorare la supposizione. D'altra parte lo stato lacunosissimo del testo non consente alcuna maggiore precisazione e si deve tener conto che il luogo di rinvenimento può non essere quello dell'originaria collocazione. Comunque non é il caso di dilungarsi su un argomento cui soltanto la prosecuzione degli scavi potrà dare una risposta conclusiva. Ci limiteremo all'affermare che se anche fu onorata insieme con Serapide nel tempio noto — come farebbero supporre anche il rinvenimento di statuine della dea nelle vicinanze di quello e la frequenti dediche alle due divinità unite — Iside dovette avere un suo santuario indipendente come provano le numerose iscrizioni ricordanti dei sacerdoti della dea: *sacerdos Isidis ostiensis*. Abbiamo già ricordato *M. Valerius Fyrmus*, che abbinava in sè il sacerdozio di Iside e della Magna Mater (*CIL*, XIV, 429); ad esso si aggiungono un *M. Ulpius Faed(imus)* (*CIL*, XIV, 437); altri due di cui si conservano gli epitaffi purtroppo mutili dei nomi (*CIL*, XIV, S. 4672; 4667); un *D. Fabius Florus Veranius*, sacerdote della "Santa regina", (*CIL*, XIV, 352; appellativo di Iside che ritroviamo anche in altra iscrizione ostiense (*CIL*, XIV, 4290) che ricorda la dedica di una statuetta di Marte a cavallo) al quale fu eretta una statua dal senatore *Flavius Moschylus*, che era egli stesso un *isiacus*. Altri *isiaci*, cioé iniziati al culto sono ricordati a Ostia in iscrizioni funebri: *Arruntia Dynamis*, (*CIL*, XIV, 302); *Cornelius Victorinus* (*CIL*, XIV, 343); il *P. Cornelius Victorinus* che dedicò la statuina di Marte, il quale ultimo é anche *Anubiacus*.

Alla dedica della già citata statuina di Marte, dobbiamo aggiun-

---

1) *CIL*, XIV, 4291. L'iscrizione é purtroppo mutila: *Duo v(ir)* .... *Isi et S(erapi)* ... *(ta)bernas* ....

gere quella di una Venere d'argento e di una corona d'oro a *Isidi Bubasti* della *Bubastiaca* Caltilia Diodora [1]). Quest'ultima iscrizione prova la concomitanza a Ostia, come altrove, del culto di Iside e di Bubastis, che i Romani avevano identificato con Artemide [2]). Dell'associazione al culto di Iside di quello di Anubis fanno fede il titolo di *anubiacus*, che hanno sia il suo sacerdote D. Fabio Floro Veranio, sia il più volte ricordato P. Cornelio Vittorino e del resto vedremo come spesso Anubis appaia accanto alla dea in talune rappresentazioni.

Ma la dea non é soltanto venerata insieme ad altre divinità egizie: come già abbian visto per Serapide, é accostata anche a divinità latine come nella già ricordata dedica di Pomponio Turpiliano, in cui le si affiancano Silvano e i Lari, e più volte alla Magna Mater [3]).

Accanto a questi documenti riferibili all'Iseo di Ostia, altri ve ne sono che, rinvenuti a Porto, si riferiscono al santuario della dea che sorgeva presso i due bacini portuali, rivelandone un particolare unico: il *megaron*, forse santuario sotterraneo, in cui venivano celebrati i misteri [4]), che viene ampliato da due fedeli (CIL, XIV, 19 = Thylander, B 294) e restaurato da un suo sacerdote.... *Camurenius Verus* e dagli altri *isiaci*, per la salute di un imperatore (*CIL*, XIV, 18 = Thylander, B 293). La particolare menzione del *megaron*, che si trova soltanto ad Ostia associato al culto di Iside, mentre é spesso usata in relazione con i misteri di Demetra verrebbe ad aggiungere nuova evidenza alla comune identificazione della dea egizia con Demetra, identificazione tanto più significativa nel porto di Roma ove la dea poteva, come Serapide, essere legata in

1) *CIL*, XIV, 21; pare che la base sia stata trovata non lungi dal Capitolium. Interessante il fatto che la dedicante appartiene alla stessa famiglia del costruttore del Serapeo, il che dimostra una particolare sollecitudine di questa *gens* per i culti egizi.

2) Il De Ruggiero (*Diz. Ep.*, s.v. *Bubastis*) riferendo ad Ostia una iscrizione pubblicata tra quelle di Roma (*CIL*, VI, 2249) in cui si ricorda un *sacerdos Bubastium*, pensa che a Ostia vi fosse un sacello indipendente della dea, ma per ora sembra più probabile che ella fosse associata ad Iside nel suo Iseo.

3) *CIL*, XIV, 123 = Thylander, B 308 — da Porto — con dedica *Numini Isidi* e alla *Magna Mater Deum Idea*, dei *cultores* di Serapide. Abbiamo già visto un sacerdote di Iside e della Magna Mater.

4) Lanciani in *Bull. Inst.*, 1868, p. 228 sgg.

particolare alla flotta alessandrina, che riforniva di grano Roma, e quindi avrebbe dovuto dare la sua duplice protezione sia come dea dell'abbondanza e delle messi sia come dea della navigazione.

Dei legami con Serapide e con Cibele attestati anche per il culto ostiense farebbe fede una iscrizione [1]) in cui i cultori di Serapide che dedicano una *schola* ricordano anche Iside e la Magna Mater Deum Idaea.

Del resto é bene chiarire che se si sono tenute disgiunte le testimonianze riguardanti la città di Ostia da quelle dei due porti non é perché necessariamente i culti praticati nei due luoghi dovessero avere caratteristiche diverse, o perché si tratti di centri diversi (per tre secoli, infatti, Porto non fu che un quartiere di Ostia) ma per sottolineare l'importanza di quelle divinità, che ebbero santuari sia nel centro urbano, sia in quello portuale. E' infatti naturale che quando un centro abitato si sviluppò attorno al porto anche colà si dedicassero templi alle divinità più venerate. Non si può escludere che particolari circostanze determinassero qualche ,,sfumatura'' diversa nei culti praticati nelle due località ad una stessa divinità, ma tali e tanti sono i sincretismi, gli accostamenti, le accezioni di una stessa divinità nel mondo antico, che fenomeni del genere si riscontrano anche in uno stesso luogo in dipendenza delle particolari credenze di un fedele.

Ad Ostia, porto di Roma, é naturale che Iside venisse onorata particolarmente come protettrice della navigazione e nella sua accezione di Iside — Fortuna, anche se inizialmente ella poté essere introdotta, come a Roma, per il carattere esotico e misterioso del suo culto, per la speranza di rinascita che davano i suoi misteri [2]). Anche se nessuna delle testimonianze epigrafiche pervenuteci é anteriore al II sec. é possibile che esistessero, se non un santuario, almeno dei fedeli anche anteriormente a questa data: ce lo testimonia la pittura di una tomba della necropoli lungo la via Lauren-

---

1) *CIL*, XIV, 123 = Thylander, *Inscriptions du Port d'Ostie*, B 308.

2) E' noto che in Roma esistevano due grandi Isei, quello più antico nella III regione, che fu da esso chiamata *Isis et Serapis*, e quello nel Campo Marzio, che, votato nel 43 a. C., fu ricostruito da Caligola, restaurato da Domiziano, e poi da Alessandro Severo. Il culto dovette essere introdotto già in età Sillana e fu talora temporaneamente avversato per il carattere orgiastico che poteva prestarsi a minare la morale.

tina [1]), la tomba n. 18, detta appunto della ,,sacerdotessa isiaca'' databile agli inizi dell'età Augustea. La pittura della nicchia esterna in cui campeggia una donna con un sistro in mano, tra un insieme di animaletti, fiori, melagrane che riempiono il campo, potrebbe anche essere posteriore al primo impianto della tomba, ma ad ogni modo non di molto. La mancanza di altri attributi oltre il sistro e il tipo delle vesti ha fatto pensare, più che alla dea stessa, ad una sua iniziata o ad una sacerdotessa rappresentata tra le delizie dei campi Elisi conquistate, evidentemente, attraverso l'iniziazione isiaca. Della fine del I sec. o degli inizi del II é la tomba di un'altra fedele di Iside, di cui si conserva l'epistilio fittile con l'iscrizione adorna ai lati di rilievi allusivi al culto egizio: che *Flavia Caecilia* sia stata devota, se non addirittura sacerdotessa della dea, lo provano i due buoi Apis accosciati ai lati dell'epigrafe, accompagnati dal sistro e dalla situla, attributi propri di Iside [2]). Come accennavo é quindi possibile che anche prima del II sec. vi fossero fedeli di Iside ad Ostia, come ve ne erano a Roma; in fondo se soltanto dopo la costruzione del porto di Traiano la flotta Alessandrina farà scalo a Ostia, non é detto che naviganti egiziani non avessero approdato alla foce del Tevere prima di quel periodo, senza contare che, come altri culti, anche questo poteva essere giunto ad Ostia attraverso Roma. Che il culto in una città portuale dovesse essere eminentemente legato all'aspetto di Iside quale protettrice della navigazione, lo abbiamo già accennato e tanto più ci confermiamo nell'idea considerando che le feste ufficiali celebrate dallo stato romano stesso in onore di Iside il 5 marzo [3]), note come *navigium Isidis* solennizzavano la ripresa primaverile della navigazione e avevano come culmine il varo di una nave dedicata alla dea. E' molto probabile che la festa, come quella dei Castori protettori anch'essi della navigazione, si svolgesse ad Ostia e che tra le vie della città dobbiamo immaginare si snodasse la suggestiva candida sfilata di donne

1) *Scavi di Ostia*, vol. III, Maria Floriani Squarciapino, *Le necropoli*, parte I, p. 86, tav. XIII, 3.

2) *CIL*, XIV, 1044; Benndorf Schöne, *Kat. Lateran. Mus.*, p. 386; Maria Floriani Squarciapino, *Piccolo corpus dei mattoni scolpiti ostiensi* in BCom., LXXVI, 1956-58, p. 199 sgg.

3) *Menologia Rustica* e *Fasti Philocali*; cf. *CIL*, I², 311; Lydus, *de Mens.*, IV, 32.

che spargono fiori, o reggono specchi, di musici, di giovani cantori,
di iniziati che fanno tintinnare i sistri, di sacerdoti, che recano i
simboli del culto, simile a quella vividamente descritta da Apuleio
(*Met.*, xi, 8-17) a Kenchreai. Nella processione il primo dei sacerdoti recava ,,una lucerna che brillava di viva luce; ma questa non
assomigliava per nulla alle nostre lampade che la sera illuminano
i banchetti, ma era in forma di una barchetta e aveva nel centro
un foro da cui usciva una fiamma abbastanza larga", così narra
Lucio nell'episodio culminante delle Metamorfosi (xi, 10). Ora a
Ostia si é rinvenuta una bella lucerna fittile a forma di nave snella,
decorata sulla tolda dalle immagini di Iside, Serapide ed Arpocrate,
che ha cinque becchi per parte a differenza di quella ricordata da
Apuleio, ma che evidentemente si ispira a quelle, forse di materiale
più prezioso, recate dai sacerdoti (v. Frontespizio). Si tratta probabilmente di un oggetto votivo o comunque collegato al culto Isiaco [1]).
Interessante la presenza sulla lampada di Serapide ed Arpocrate,
che, normalmente connessi al culto della dea, come già si é detto,
erano, come dice Apuleio [2]), presenti anche nella processione del 5
marzo insieme ad Anubis [3]); e abbiamo visto a Ostia vari Anubiaci
tra i fedeli di Iside.

Alla cerimonia del *navigium Isidis* era stata riferita anche una
pittura, ora nella Biblioteca Vaticana [4]), ove, in una processione
di ragazzi, due fanciulli trainano una navicella su un carro. La nave
in realtà non ha alcun segno isiaco, né particolari emblemi del
culto egizio recano i fanciulli, non é però improbabile che la rappresentazione riecheggi la cerimonia ostiense.

1) Inv. 3218; *NSc*, 1909, p. 118, no 7 fig. 2; *AA*, 1910, col. 180.
2) *Met.*, xi, 9. Alla processione partecipano anche i flautisti consacrati
al grande Serapide che ,,suonano a intermittenza il motivo tradizionale che
echeggia nel tempio del loro dio".
3) *Met.*, xi, 11: l'immagine di Anubis con caduceo e palma in qualità di
messaggero degli dei e di psicopompo pare apra la processione delle immagini
divine recate dai sacerdoti.
4) B. Nogara, *Le nozze Aldobrandine, i paesaggi con scene dell'Odissea e
altre pitture conservate nella Biblioteca Vaticana e nei Musei Pontifici*, Milano
1907, pp. 76-77, tav. XLIX; *cf.* anche Ross Taylor, *Cults*, p. 71, nota 19.
La pittura proviene da una tomba o da una casa della via Laurentina e
fu trovata con altre, che pure presentano fanciulli in atto di compiere cerimonie religiose. Potrebbe trattarsi di una specie di calendario religioso rife-
rentesi alle feste più note.

Del legame di Iside col mare ci fa fede anche un'altra pittura rinvenuta dal Visconti in una tomba della necropoli lungo la Via Laurentina [1]), ove assistiamo al carico di una nave con grano: la nave si chiama *Isis Geminiana* e il fatto che, per distinguerla, sia stato aggiunto al nome della dea l'appellativo derivato dal nome del padrone, *Geminius*, sta ad indicare che molte imbarcazioni si fregiavano del nome venerato della patrona dei naviganti [2]).

Dea che dava ai suoi fedeli una speranza di rinascita (e come tale la vediamo associata anche a Cibele), dea dell'oltretomba (e così è associata ad Anubis e Serapide), dea dell'abbondanza e della natura, protettrice della navigazione, sotto questi diversi aspetti Iside dovette essere onorata nei suoi due santuari di Ostia e di Porto. Santuari ricchi in cui accanto a statue e sculture di stile classico dovevano comparire, come nel Serapeo, e nei santuari di divinità egiziane del mondo romano, ornamenti e oggetti di stile egizio che, come dicemmo, accrescevano il carattere esotico delle cerimonie e con le loro forme insolite contribuivano a creare un clima misterioso: forse dall'Iseo portuense provengono il ricco trapezoforo di porfido rosso in cui un busto di Iside è sorretto da una tozza figura del mostruoso Bes [3]), e il capitello in granito grigio di stile egiziano [4]); all'Iseo ostiense si deve invece riferire la statua di pastoforo genuflesso recante l'edicola con il simulacro di Iside rinvenuta nel 1860 insieme a sculture ed iscrizioni relative al culto di Iside nel già citato luogo presso la ,,riva del Tevere'' [5]) e il pilastro scolpito

1) *Cf*. Paschetto, p. 213 e pp. 470-472; G. Calza, *NSc*, 1938, p. 70; Nogara, *op. cit.*, p. 67 sgg., tav. XLVI; *Scavi di Ostia*, vol. III, p. 126; Meiggs, *Ostia*, p. 294, fig. 25 e.

2) Una nave della flotta Alessandrina, che trasportava grano a Roma, con questo nome è ricordata da Luciano; mentre il nome augurale avevano anche navi della flotta romana (*cf*. De Ruggiero, *Diz. Ep.*, s.v. *classis*).

3) Visconti, *Catalogo del Museo Torlonia*, no 20; Meiggs, *Ostia*, tav. XXXI, d. Una statua di Bes, il demone-nano benefico, protettore dello nascite (Inv. 225) è stata trovata a Ostia lungo il Cardo Massimo; e un collo di vaso configurato a forma di Bes è conservato nell'Antiquarium Ostiense (Inv. 3286).

4) Visconti, *Catalogo del Museo Torlonia*, no 13; Meiggs, *Ostia*, p. 387, ove è riferito apunto al Serapeo Portuense.

5) Paschetto, p. 165 (cf. *Atti Pont. Acc. Arch.*, XV, p. CXXXIV) e p. 401 sg. La statua di pastoforo è di particolare interesse poiché sarebbe l'unico documento, per ora noto, dell'esistenza ad Ostia di questo sacro collegio intimamente legato al culto isiaco.

su due lati con una palma ricca di datteri e foglie di loto[1]).

Se queste sculture egitizzanti possono darci un'idea della decorazione dei templi, per la diffusione del culto sono assai più indicative le numerose statue e statuette di marmo [2]) e fittili [3]) della dea e le molto lucerne [4]) nella cui decorazione ella compare, siano esse oggetto di culto (lucerne e fiaccole recavano i fedeli nelle processioni) o semplici oggetti d'uso comune, che ripetevano nella decorazione soggetti venerati e che, proprio per questo, venivano scelte dai compratori.

Ricorderemo in particolare la bella statua della dea, ora conservata al Museo di Ostia, il cui torso fu rinvenuto incorporato in una muratura tarda della palestra delle terme del Foro, mentre la testa, coronata di diadema e *ureus*, fu genialmente riconosciuta e riaccostata da Raissa Calza [5]): la dea é rappresentata col manto

1) Benndorf Schöne, *op. cit.*, no 546; Paschetto, pp. 402-403. In questo luogo il Paschetto dá un elenco degli oggetti provenienti dalla stessa località tra cui, oltre alle già ricordate inscrizioni *CIL*, XIV, 20, 21, sono notevoli anche una ,,statua panneggiata muliebre di egizio stile'', e la testa di un ,,personaggio africano''. Ad Ostia sono state trovate altre sculture di tipo egizio talune originali come la statuina di Osiride (Inv. 3580), altre imitazioni, come lo scarabeo (Inv. 3578) e la statuetta di basalto verde acefala (Inv. 207) recanti geroglifici senza significato. Non sappiamo se tali oggetti possano tutti riferirsi ai culti egizi o se non si tratti di oggetti-ricordo portati dai viaggiatori, o di oggetti di collezione. Il gusto per le decorazioni e gli oggetti di stile egizio infatti é chiaramente manifesto anche nella pittura parietale degli ultimi anni della repubblica: fu una moda dovuta principalmente agli intensificati contatti di quegli anni con l'Egitto, e quindi alcuni dei rinvenimenti accennati potrebbero anche non avere alcun rapporto diretto con il culto di Iside e Serapide.

2) Già abbiamo ricordato le due statuine provenienti dalle vicinanze del Serapeo, ad esse si aggiungono: Inv. 216, statuetta rinvenuta presso gli Horrea di Hortensius; Inv. 228, bustino acefalo rinvenuto nel tempio di Bellona interessante per le possibili relazioni con questa divinità; Inv. 545, testa di Iside o di fanciulla isiaca dal sacello nella Casa degli Aurighi.

3) Inv. 3232-3234, testine fittili della dea; Inv. 4622, bustino fittile.

4) Inv. 2204, marca B (*CIL*, XV, 6334 a) con i busti di Iside e Serapide affrontati; Inv. 2478, marca C IVN DRAC (*CIL*, XV, 2478) col simbolo isiaco della luna sul disco solare, come 2831; Inv. 3180-3182, busto di Iside sul manico; Inv. 3191-3192 hanno il manico sormontato da un crescente lunare su cui é un busto probabilmente di Iside (forse a questo tipo possono riferirsi anche le lucerne 3193, 3195, 3196). All'ambiente egiziano e ai culti egizi ci riporta anche l'ornamento del manico della lucerna Inv. 3197 con sfinge su crescente; la 2778 col bue Apis, la 2932 con Anubis.

5) La scultura risulta ancora acefala nella guida del *Museo Ostiense* del 1957 (p. 31, no 154).

avvolto intorno al corpo e serrato sotto ai seni dal carratteristico nodo, secondo il tipo creato dall'arte alessandrina e ampiamente diffuso nel mondo ellenistico-romano.

Tra le lucerne, due meritano particolare menzione: l'una (Inv. 5535) é una grande lucerna che reca nel disco Iside stante frontalmente con *ureus* e fiore di loto sul capo, e patera e sistro nelle mani; a sinistra della dea é Anubis con caduceo e palma e, a destra su una basetta, Arpocrate con fiore di loto sul capo e cornucopia con palma nella sinistra; sul manico un crescente lunare sormontato da un busto di Giove-Serapide; l'altra (Inv. 2146) ha come ornamento del manico i busti abbracciati di Iside e Serapide, mentre nel disco é rappresentato un busto barbato con corona radiata in cui dobbiamo riconoscere Serapide nella sua accezione di Helios, cui abbiamo già accennato. Più che per le sue rappresentazioni che non fanno che sottolineare ancora una volta l'ovvio legame tra le due divinità egizie, la lucerna ha importanza come riprova della diffusione locale del culto in quanto, recando la marca di Annio Serapidoro, é sicuramente di fabbricazione ostiense. E come prova della diffusione dei culti egizi ricorderemo un ultimo monumento, ultimo anche in ordine cronologico: la lastra tombale di un fanciullo che, dalle particolarità dell'abbigliamento e dal caratteristico lungo ciuffo di capelli dietro l'orecchio destro, é caratterizzato come iniziato al culto isiaco [1]. I caratteri stilistici datano il pezzo al IV sec. il che é assai interessante quale dimostrazione della lunga sopravvivenza del culto egizio in Ostia: iniziato già nel I sec., se una tomba della Via Laurentina poteva adornarsi della pittura di una sacerdotessa isiaca, fiorentissimo nel II, quando sorgono i Sarapei di Ostia e Porto e, probabilmente i due Isei, oggetto di particolare devozione agli inizi del III, ha ancora seguaci nel IV, se la lastra tombale di un fanciullo ce lo rappresenta come iniziato al culto isiaco.

Se anche Iside e Serapide ebbero santuari separati, erano evidentemente onorati anche come coppia divina e indizi desunti, sia dalle rappresentazioni su lucerne, sia da monumenti di scultura inducono a pensare che ad essi si aggiungesse sia pure in posizione secondaria

1) Inv. 150. G. Becatti in *Critica d'Arte*, 1938, p. 49 sgg.; R. Calza, *Museo Ostiense*, p. 30, no 150.

anche Horus-Arpocrate, terzo personaggio della triade egizia [1]).
Per Anubis, il dio dalla testa di sciacallo assimilato con Mercurio,
servo e messaggero della coppia e accompagnatore delle anime agli
Inferi, sono chiare le testimonianze epigrafiche e monumentali. Non
pare peraltro che ad Ostia il culto avesse caratteri specificamente
locali dato che, tanto la cerimonia primaverile del varo della nave,
legata ad Iside quale protettrice della navigazione, tanto i legami
di Serapide col culto Mitriaco non riflettono contingenze locali,
ma sono documentati anche altrove nel mondo romano [2]).

[1]) Mi referisco ad un perirranterion o sostegno di statua (Inv. 494) che
presenta un sostegno centrale e 4 colonnine angolari: nelle edicole da queste
formate sono rappresentati Arpocrate, Anubis e due tori sacri uno dei quali
col disco solare tra le corna e un ureus ai piedi.

[2]) Desidero ricordare anche una bella statua fittile (Inv. 3585) grande al
vero, di una dea seduta, che presenta tracce di doratura sul volto, rinvenuta nel 1938 in un sacello privato di una casa sul cortile del Dioniso. La
presenza nel chitone, tra i due seni, di una ripresa della stoffa, che ricorda
il nodo isiaco, aveva fatto pensare ad una statua di Iside, io credo invece che
si tratti di una Fortuna (cf. M. Floriani Squarciapino, Una statua fittile
ostiense in Arti Figurative, 3, 1947, pp. 1-11). La perdita di tutti gli attributi
non consente di precisare meglio. D'altra parte i frequenti accoppiamenti
di Iside e Fortuna potrebbero indurre a pensare che sotto tale accezione
fosse venerata la dea anche nel sacello privato, che in tal caso farebbe
riscontro a quello di Serapide di cui abbiamo parlato.
Al culto di Iside la Signora Raissa Calza riferisce anche una statuetta
femminile seduta su un cesto rovesciato, o su un rotolo di corda (Inv. 969),
trovata in Via della Foce: si tratterebbe di una rappresentazione di Iside
Agraria, identificata dal Perdrizet con Bubastis, o forse di una divinità
portuale. Reca la dedica di una Bebia Tallusa e di un Teodoto Hilarioni
patri, in cui, se pater non si deve intendere nell'accezione di ,,padre" dei due
dedicanti, farebbe pensare a legami con il culto mitriaco. Al culto di Serapide, come mi ha segnalato la Signora Calza, può riferirsi anche un resto di
scultura, in cui era probabilmente un personaggio genuflesso, con iscrizione:
QUI SOLI SPI .... (Inv. 222) anch'esso rinvenuto in Via della Foce e
quindi nella vicinanze del Serapeo; come pure una serie di piedini votivi
a tutto tondo uniti a due a due, di varia provenienza (Inv. 1021). Forse da un
tempio delle divinità egizie provengono due antefisse di marmo di diversa
grandezza adorne di urei, sormontati dal disco solare, che inquadrano un
fior di loto, tra due penne, pure sormontato dal disco solare. La maggiore
delle due (Inv. 1365), rinvenuta in uno degli ambienti meridionali del piccolo
mercato (NSc, 1912, p. 133) è identica a due antefisse oggi conservate al
Museo Gregoriano Egizio tantochè il Romanelli ha avanzato anche per
queste l'ipotesi di una provenienza ostiense (G. Botti-P. Romanelli, Le
sculture del Museo Gregoriano Egizio, Città del Vaticano, 1951, no 208-209,
Tav. LXXXVI).

CAPITOLO III

IL CULTO DI MITRA

Dopo la magistrale pubblicazione di Giovanni Becatti di tutti i mitrei ostiensi [1]) fino ad oggi noti gli ultimi scavi non hanno aggiunto nessun nuovo elemento; per altro la pubblicazione, che ha fatto il punto sul culto mitriaco ad Ostia, rappresentava una sorpresa rispetto a quanto era precedentemente noto poiché ben 18 sono i santuari ivi elencati rispetto ai sei conosciuti o supposti quando il Paschetto [2]), la Taylor [3]) il Cumont [4]), si occuparono della questione. Mi riferirò dunque all'opera del Becatti per esaminare la questione accettandone in pieno le conclusioni.

Il culto di Mitra, la divinità persiana solare che, inquadrata nel sistema dualistico zoroastriano rappresentava il principio del bene vincitore del male, si diffuse nel mondo romano specialmente a partire dal II secolo per quanto i suoi primi contatti con Roma siano in età Flavia. Esso fu propagato in Occidente, come altri culti, specialmente dai militari, sia che fossero originari dei luoghi ove il culto fioriva, sia che si trattasse di legionari che con esso eran venuti a contatto durante le loro campagne. Gli schiavi orientali, i mercanti furono anch'essi missionari del culto mistico, che doveva trovare così ampia messe di fedeli e che, con la sua mistica di rinascita e di salvazione, doveva costituire un temibile avversario per il nascente Cristianesimo.

C. L. Visconti [5]) ricordando la notizia di Plutarco nella vita di Pompeo (c. 24) secondo cui i Romani sarebbero stati iniziati ai

1) *Scavi di Ostia*, vol. II: G. Becatti, *I Mitrei*, Roma 1954, 153 pp. 25 figg., XXXIX tavv. (citata in seguito, Becatti, *Mitrei*). I monumenti e le iscrizioni sono stati in seguito catalogati da M. J. Vermaseren, *Corpus Inscriptionum et monumentorum religionis Mithriacae*, den Haag 1956, pp. 216-321.
2) Paschetto, p. 168 segg.
3) Ross Taylor, *Cults*, pp. 82-92.
4) F. Cumont, *Textes et Monuments figurés relatifs aux mystères de Mithra*, I-II, Bruxelles 1896-99; in particolare I, p. 265, n. 4; II, Inscr. 131-142, 560 a-e; monumenti, 79-85 bis.
5) *Ann. Ist.*, 1864, p. 147.

misteri mitriaci dai pirati Cilici da lui vinti, e ricordando anche la notizia di Cicerone (*de leg. Man.*, 12, 33)[1]) sulla distruzione della flotta ad Ostia ad opera di quei pirati, pensava che, dopo la vittoria, i marinai di stanza ad Ostia vi iniziassero il culto mitriaco proprio in quel torno di tempo. Contro questa ipotesi stanno sia l'evidenza generale della diffusione dei misteri mitriaci nell'ambiente romano non prima dell'età flavia, sia l'evidenza di Ostia stessa ove nessuno dei mitrei noti é anteriore alla metà del II sec.d.C.

Come vedremo anche i mitrei ostiensi, come quelli noti altrove, non sorgono come edifici isolati ma sono, generalmente, adattati in edifici preesistenti — horrea, terme, grandi insulae, edifici pubblici — scegliendo le stanze più oscure e separate, possibilmente sotterranee, poiché il santuario doveva ricordare lo *spelaeum*, la caverna, ove il dio era nato. Non sono generalmente di grandi dimensioni, poiché dovevano ospitare una piccola conventicola, che partecipava col dio, entro il suo sacrario stesso, alle cerimonie purificatrici: generalmente si tratta di una stanza rettangolare, allungata ai cui lati sono lunghi podi leggermente inclinati su cui i fedeli si inginocchiavano mentre nel corridoio centrale passavano gli officianti per recarsi all'altare posto dinanzi alla nicchia di fondo, per lo più con vari ripiani, ove era l'immagine di Mitra Tauroctono, spesso circondato da simboli solari ed astrologici; spesso le statuette di Cautes e Cautopates, simboli del giorno e della notte, sono ai fianchi dell'altare. Vediamo innanzi tutto i vari mitrei ostiensi:

Mitreo della casa di Diana (Reg. I, Ins. III, 3).

Fu adattato in due ambienti contigui dell'edificio (probabilmente albergo, o sede di collegio); aveva i due podi laterali ed in fondo un'edicola con alto basamento e nicchia con semicolonne, dinanzi a cui é l'altare costituito da un'ara repubblicana, già dedicata ad Ercole e all'Aqua Salvia, riadoperata[2]) e dedicata da *M. Lollianus Callinicus* (*CIL*, XIV, 4310), che si dice *pater*, cioé giunto al sommo grado di iniziazione mitriaca[3]). L'ara presenta la caratteristica

1) *Cf.* E. J. Jonkers, Social and Economic Commentary on Cicero's '*de imperio Cn. Pompei*, Leiden, 1960, 59, p. 40.
2) *Cf.* G. Becatti, *Nuovo documento del culto di Ercole a Ostia* in BCom, LXX, 1942, p. 115 sgg.; *CIL*, XIV, 4280; Becatti, *Mitrei*, p. 12 sg.
3) Lo stesso personaggio é ricordato tra i dedicanti di un *signum* al dio

peculiare di essere stata forata da parte a parte in corrispondenza dello spazio inquadrato, nel lato anteriore, da una corona di quercia. Evidentemente, come vedremo in altri mitrei, il foro era destinato a ricevere una lucerna e doveva esser chiuso anteriormente o da una lastra trasparente o da una lastra di marmo o di piombo traforata per lasciar passare la luce. *M. Lollianus Callinicus* compare con *Petronius Felix Marsus* nell'iscrizione di un architrave (*CIL*, XIV, 4311), rinvenuto in via della Fontana, in cui é ricordata la dedica di un *signum Arimanium*. Sappiamo che il persiano Arimanius, re degli spiriti infernali, era stato assimilato a Plutone e lo si trova spesso associato al culto di Mitra. Il fatto che l'altra iscrizione, sicuramente mitriaca, in cui Lolliano Callinico e Petronio Felice Marso sono associati, si riferisca ad un mitreo fa pensare che in uno speleo mitriaco fosse anche l'edicola con la statua di Arimane. Il Becatti propende a credere che, non ostante la diversità dei luoghi di rinvenimento, le iscrizioni ricordate possano riferirsi tutte al Mitreo della Casa di Diana. Oltre che l'associazione al culto di Arimane, questo mitreo, con la presenza di due ermette bacchiche sul podio della nicchia ci documenta i rapporti del Mitraismo con il culto di Dioniso sotto l'influsso dell'Orfismo; a questa assimilazione Mitra-Dioniso possono riferirsi il ricordo delle offerte, tra cui molte di vino, fatte da varie persone, di cui si é conservata notizia in un graffito sul podio dell'edicola. (*CIL*, XIV, 5293). Il Mitreo é della fine del II secolo [1]).

Mitreo di Lucrezio Menandro (Reg. I, Ins. III, 5).

Fu adattato unendo due ambienti di una casa privata, di impianto adrianeo, ma che già aveva subito modifiche in età antonina, al quale periodo risalgono le pitture delle pareti. E' un ambiente lungo e stretto coperto a volta, con due podi laterali recanti al centro une nicchietta; nella parete di fondo é un semplice altarino

in altra iscrizione, rinvenuta in una taberna vicino alla casa di Diana, (*CIL*, XIV, 4312) in seguito riadoperata da due fratelli *M. Caerellii* e altri *sacerdotes et antistites* per dedicare un *thronum* al dio (*CIL*, XIV, 4313). Uno dei due fratelli, *Hieronymus*, é noto come *pater* anche in una iscrizione mitriaca dal Campo della Magna Mater (*CIL*, XIV, 70) e come appartenente al collegio dei *fabri Tignuarii* in *CIL*, XIV, 4569, dec. III, 7.

1) Becatti, *Mitrei*, pp. 9-20, tav. I; Vermaseren, *op. cit.*, no 216-223.

rettangolare in muratura con fronte rivestita di una lastra marmorea decorata di una mezza luna a traforo, che doveva essere illuminata da una lucerna posta nella cavità posteriore. L'altare era stato dedicato a Mitra dallo schiavo *Diocles*, in onore di *C. Lucretius Menander*, insignito del grado di *pater*. Probabilmente il Mitreo é degli inizi del III secolo [1]).

Mitreo di Fructosus (Reg. I, Ins. X, 4).

Particolarmente significativa l'ubicazione nelle favisse di un tempio collegiale costruito nell'età di Alessandro Severo.

L'ambiente, circa quadrato, ha i due podi laterali e la nicchia semicircolare nella parete di fondo, lasciata intenzionalmente rozza per simulare la grotta natale del dio, e dipinta in celeste. Forse dinanzi alla nicchia era una mensa di marmo. Su due basi, una di marmo e una di travertino erano le statuette di Cautes e Cautopates di cui solo la prima é stata ritrovata. Una iscrizione lacunosa su cornice marmorea dice che un *Fructosus*, patrono di una corporazione, forse degli *stuppatores* [2]), *te]mpl(um) et spel(æum) Mit(hrae) a solo sua pec(unia) fecit*.

Interessante é l'uso di due vocaboli per indicare il santuario mitriaco, non pare infatti che con *templum* si sia voluto indicare il tempio primitivo in cui il mitreo fu adattato, poiché é chiaro che la sua costruzione non andò al di là del podio che, ancora in fase struttiva, fu adattato al culto mitriaco: significativo fenomeno che dimostra la diffusione e la forza del culto alla metà del III secolo, se esso riusciva addirittura a soppiantare quello delle divinità olimpiche tradizionali [3]).

Mitreo delle Terme del Mitra (Reg. I, Ins. XVII, 2). Tav. VIII, 11.

Fu adattato in un corridoio sotterraneo di servizio delle Terme, dette appunto del Mitra, che per la sua oscurità (prendeva luce da

---

1) Becatti, *Mitrei*, pp. 17-20, tav. II, 1-3; Vermaseren, *op. cit.*, no 224-225.

2) Si conserva del nome del collegio solo l'iniziale *s*, ma poiché un *Fructosus* é nominato nell'albo degli *stuppatores* (*CIL*, XIV, 257, e p. 614) per ben due volte, una della quali come *patronus*, il Becatti (*cf.* pp. 26-27) pensa logica questa integrazione anche per l'iscrizione del mitreo sorto nel tempio di un collegio, che sarebbe appunto quello degli *stuppatores*.

3) Becatti, *Mitrei*, pp. 21-28; tav. III; XXXVII, 5; XXXIX, 1; Vermaseren, *op. cit.*, no 226-228.

due lucernari nella volta a botte) e per la forma bene si prestava a rappresentare lo speleo mitriaco. Sono presenti le klinai laterali, con nicchie al centro in cui erano due rozze arette a doppia piramide tronca rovesciata, mentre alle estremità erano, su basi, due blocchi di tufo a piramide tronca, che rappresentavano la roccia da cui era nato Mitra. Tra le testate dei podi era una base quadrangolare dinanzi a cui é collocato un altare triangolare, cavo all'interno per la lucerna, che doveva avere pareti traforate come si é visto in altri mitrei ostiensi. In fondo allo speleo, dietro all'altare e disposta diagonalmente rispetto all'asse del santuario, era l'immagine del dio che qui é insolitamente rappresentata da un grande gruppo marmoreo a tutto tondo in cui Mitra, che sta per uccidere il toro, non ha il caratteristico costume orientale, ma veste un classico chitonisco ed é sentito classicamente. Essa é firmata da un *Kriton Athenaios* [1]. Il gruppo era posto in modo che la luce scendente da uno dei lucernari lo illuminasse nella mistica penombra del santuario. Probabilmente il mitreo fu adattato verso la fine del II sec. [2].

Mitreo Aldobrandini (Reg. II, Ins. I, 2).

Scavato solo parzialmente, data la sua posizione al di sotto della fattoria Aldobrandini, esso si addossava alla torre delle mura Sillane che si ergeva presso l'antica curva del Tevere. Aveva i soliti podi laterali, qui rivestiti di marmo, con arette negli incassi angolari. Al termine dei podi una specie di transetto antistante l'altare aveva pavimentazione in opus sectile, e di marmo erano rivestite le piattaforme sovrapposte che occupano il fondo del l'ambiente con l'ara e i ripiani per le offerte e un basamento su cui era l'immagine di culto. L'iscrizione (*CIL*, XIV, 4314), che si trovava sulla lastra del basamento, é del massimo interesse sia per quanto riguarda il mitreo stesso sia in generale per la terminologia

1) Sul problema tipologico della rappresentazione e sulla possibile data del gruppo: *cf*. Becatti, *Mitrei*, pp. 32-38. Poiché il Kriton scultore può essere lo stesso che dedica un *labrum* nel mitreo *della Planta Pedis* (v. sopra p. 23 n. 3) il Becatti data il gruppo tra il 160-170 d.C. Interessante notare che il gruppo non fu probabilmente eseguito per il mitreo ostiense, ma venne acquistato, restaurato ed adattato per esso.

2) Becatti, *Mitrei*, pp. 29-38, tavv. IV, XXVII-XXXI, 1; Vermaseren, *op. cit.*, no 229-231.

mitriaca. Ne riporto per esteso il testo accettando le integrazioni del Becatti e la sua esegesi, che in taluni punti discorda da quella del Calza [1]) che ne fu il primo editore: *Deum vetusta religione in velo formatum et umore obnubilatum, marmoreum cum throno omnibusque ornamentis a solo omni impendio suo fecit Sex. Pompeius Maximus pater q(ui) s(upra) s(criptus) est et praesepia marmoravit p(edes) LXVIII idem s(ua) p(ecunia).* Sesto Pompeo Massimo, sacerdote mitriaco (*pater*) rifece dunque in marmo l'immagine di Mitra, prima dipinta su un velo, che era stata cancellata dall'umidità [2]). Immagini dipinte su veli in santuari mitriaci sono documentate anche altrove e dovevano essere forse le più antiche e collegate al culto orientale (*vetusta religione*). Lo stesso Pompeo fece eseguire il *thronum* cioé l'altare a gradini con le sue mense e ripiani (che si trova in molti dei mitrei e che é epigraficamente attestato ad Ostia in altre due iscrizioni mitriache) e *marmoravit*, cioé rivestì di marmo, i *praesepia*, termine con cui sono designati i podi laterali del mitreo, forse per la loro somiglianza con le mangiatoie.

Da questo stesso mitreo, probabilmente, proviene l'iscrizione bronzea, ora al British Museum (*CIL*, XIV, 403) che ha al sommo un bustino del Sol radiato, con dedica a Sesto Pompeo Massimo, *sacerdos Solis invicti Mithrae* e *pater patrum* da parte dei sacerdoti di Mitra [3]). Evidentemente, in riconoscenza della munificenza dimostrata nell'adornare il mitreo, egli giunse al sommo della gerarchia mitriaca essendo dichiarato *pater patrum*. Tra gli oggetti rinvenuti durante lo scavo, a parte alcune lucerne senza decorazione e qualche vasetto, sono da ricordare una ermetta di Sileno, (che richiama quelle dionisiache trovate sia nel mitreo della casa di Diana sia in altri mitrei), il cui carattere, trascendendo i semplici fini decorativi, é allusivo alle connessione dei misteri dionisiaci con quelli di Mitra; e un rozzo bassorilievo di Silvano, divinità che ad Ostia e altrove troviamo spesso associata al culto mitriaco, poiché,

---

1) *NSc*, 1924, p. 69 sgg. con nota aggiuntiva del Cumont (pp. 78-79).

2) Il Calza aveva invece pensato che l'offerente avesse fatto scolpire in marmo, secondo un'antica tradizione, l'immagine di Juppiter — Caelus, cioé Ahura Mazda, con un velo incurvato sul capo simboleggiante la volta celeste, circondato da nuvole e seduto in trono.

3) Qui il personaggio appare come quinquennale della corporazione dei traghettatori del Tevere.

secondo il Cumont, era stata identificata con Drvâspa [1]). Le murature in laterizio risalenti alla costruzione del mitreo e la paleografia delle iscrizioni rinvenute lo datano alla fine del II sec. [2]).

Mitreo presso Porta Romana (Reg. II, Ins. II, 5).

Ricavato nel corridoio occidentale dei ,,magazzini repubblicani'' che subirono numerosi rifacimenti. Vi si accedeva da un sacello con pavimento a mosaico policromo, prospicente il decumano massimo, e da una porticina aperta sulla via. Aveva i soliti podi con nicchietta centrale per le arette. Dell'altare non resta che la base. All'estremità opposta, presso l'ingresso, una vaschetta quadrangolare rivestita di marmo rappresenta il pozzo rituale. Il pavimento era in formelle di marmi colorati. Non vi si rinvennero nè sculture nè iscrizioni che possano aiutare nella datazione: il tipo del pavimento farebbe pensare al III sec [3]).

Mitreo delle sette sfere (Reg. II, Ins. XVIII, 6). Tav. IX, 12.

Situato all'estremità occidentale della Domus di Apuleio, con cui però non doveva anticamente comunicare, fu scavato dal Lanciani nel 1886 e probabilmente si identifica con quello scavato e spogliato dal Petrini sotto Pio VII nel 1802-1804. Tra i più noti e studiati di Ostia é interessante specialmente per le rappresentazioni a mosaico che ornano il pavimento, le fronti e il ripiano dei podi laterali. Il *thronum* che occupa la parete di fondo era e ripiani. I podi di differente larghezza hanno a metà circa le solite nicchiette rivestite di marmo; presso l'ingresso é un pozzetto rituale. Sul pavimento tra le testate dei podi é raffigurato un pugnale, sicuramente quello sacrificale usato da Mitra per uccidere il toro, sono poi disegnati a regolari intervalli nel corridoio tra i due podi, sette archi che rappresentano schematicamente le sette sfere o le sette porte celesti attraverso cui le anime degli iniziati dovevano passare per raggiungere le sfere superne. Evidentemente simboleggiano le

---

1) Silvano a Ostia é molto venerato e lo troviamo associato anche col culto di altre divinità orientali quali Cibele (era particolarmente venerato dai dendrofori probabilmente perché portava il ramo di pino) e con Iside e Serapide.

2) Becatti, *Mitrei*, pp. 39-43, tav. V; Vermaseren, *op. cit.*, no 232-237.

3) Becatti, *Mitrei*, pp. 45-46, tav. XXVI, 1; Vermaseren, *op. cit.*, no 238.

sette sfere dei pianeti, le cui figurazioni compaiono, inquadrate da una porta ad arco, nei mosaici della fronte dei podi (Diana-Luna, Mercurio, Giove, Marte, Venere, Saturno), mentre sui ripiani delle banchine sono rappresentati i simboli dello zodiaco, ciascuno sormontato da una stella: libra, scorpione, sagittario, capricorno, acquario e pesci, costellazioni estive, sulla destra; ariete, toro, gemelli, cancro, leone e vergine, costellazioni invernali, a sinistra. Sulla testata dei podi, verso l'ingresso, sono raffigurati Cautes e Cautopates. Probabilmente le sette sfere segnate a regolari intervalli nel pavimento e la corrispondente divisione ottenuta sui banconi avevano anche un valore nel rituale ed il fedele passava dall'uno all'altro spazio nelle fasi dell'iniziazione; forse per questa ragione le porte disegnate son spostate sulla sinistra del corridoio lasciando a destra un passaggio ove i fedeli potessero camminare liberamente. A questo mitreo, data l'identificazione proposta, devono riferirsi il rilievo e le iscrizioni, oggi al Museo Vaticano, rinvenuti negli scavi Petrini e cioé un rilievo con la rappresentazione di Mitra Tauroctono della tipologia consueta, a cui doveva servire per base l'iscrizione (*CIL*, XIV, 61) in cui si ricordano i restauri dell' *aedem cum suo pronao* e della sua decorazione, fatti da *A. Decimus Decimianus*, il quale é ricordato anche nell'altra iscrizione (*CIL*, XIV, 60) che doveva girare sull'immagine. Le altre due iscrizioni (*CIL*, XIV, 62, 63) nominano un M. Emilio Epafrodito *pater et sacerdos* in cui onore fu dedicata un'ara da L. Tullio Agatone. Il mitreo può riferirsi per le murature, lo stile dei mosaici e la paleografia delle iscrizioni all'età degli Antonini [1]).

Mitreo del Palazzo Imperiale (Reg. III).

Sorse contemporaneamente all'ampliamento di questo imponente edificio che, probabilmente, se non residenza dell'imperatore — come pensò il Visconti — lo dovette essere di qualche alto magistrato e certo ebbe carattere pubblico e ufficiale. Oltre ai soliti podi laterali (sui cui bordi il Visconti trovò molte lucerne) con nicchie ove erano le statue a tutto tondo di Cautes e Cautopates, su basette in cui era ripetuta a rilievo la figurazione ed era incisa la dedica di

1) Becatti, *Mitrei*, pp. 47-51 e 123-124, tavv. VI-VIII, XXXIV, 1; Vermaseren, *op. cit.*, no 239-249.

C. Cecilio Ermeros, *antistes huius loci*, cioé sacerdote del mitreo stesso, con la data consolare del 162 d.C. (*CIL*, XIV, 58, 59) [1]), abbiamo l'altare dedicato dallo stesso sacerdote (*CIL*, XIV, 57), noto da altra iscrizione nel Mitreo delle pareti dipinte, posto sui gradini dell'edicola, intorno a cui furon trovati i coni di tufo simboleggianti la *petra genetrix* e colonnine di marmi preziosi che dovevano sostenere lucerne. Il pavimento a mosaico del corridoio tra i due podi reca la dedica di *L. Agrius Calendius* [2]).

Presso l'ingresso é un' edicola in laterizio con base vuota e un'apertura anteriore, che probabilmente, come pensa il Becatti, si collega agli altari mitriaci ricordati in alcuni mitrei ostiensi che vevivano illuminati internamente [3]). Nel mitreo furono rinvenute, negli scavi del Visconti, una statuetta di dadoforo [4]), Cautopates; una testa, probabilmente di Mitra da inserirsi su una base [5]), e una testa probabilmente di Helios, o di uno dei geni mitriaci della luce [6]), un berretto frigio di grandi proporzioni con fori per l'inserzione di raggi; e una testa di leone, destinata ad essere inserita nella muratura, forse allusiva al grado di *leo* nell'iniziazione mitriaca.

Per accedere al Mitreo dal peristilio del palazzo si traversavano due ambienti ed una specie di pronao: in uno di essi fu rinvenuta una nicchia con un bel mosaico policromo della prima metà del III sec. raffigurante Silvano, che é di particolare interesse poiché conferma il rapporto tra il culto di Silvano e quello di Mitra attestato non soltanto ad Ostia ma anche in altre località [7]).

1) Per le statuette: *cf.* anche Benndorf-Schoene, *Kat. Lateran. Mus.*, no 502 e 504, p. 359.

2) *CIL*, XIV, 56; Becatti, *Mitrei*, p. 54. E' da identificarsi forse col Calendio appartenente alla V decuria del *numerus caligatorum* in *CIL*, XIV, 4569 (198 d.C.).

3) Secondo il Cumont si sarebbe trattato dell'edicola di un Aion mitriaco. Più probabile l'ipotesi del Becatti, dato anche il rinvenimento di lucerne nel vuoto del basamento, ricordato dal Visconti.

4) Museo Laterano, sala XVI n. 586; Becatti, *Mitrei*, p. 55, tav. XXXVII, 2.

5) Museo Laterano, sala XVI, n. 950; Benndorf-Schoene, *Kat. Lateran. Mus.*, p. 383; Becatti, *Mitrei*, p. 56, tav. XXXII, 3.

6) Museo Laterano, Benndorf-Schoene, *op. cit.*, p. 383; Becatti, *Mitrei*, p. 56, tav. XXXII, 1-2.

7) Museo Laterano, Benndorf-Schoene, *op. cit.*, no 551; Becatti, *Mitrei*, pp. 56-57, tav. X, 1; *cf.* Cumont, *op. cit.*, pp. 147-148; Vermaseren, *De Mithrasdienst in Rome*, Nijmegen 1951, p. 109.

Se il ,,Palazzo Imperiale" nel suo primo impianto é dell'età di
Antonino Pio, il peristilio sud con gli ambienti circostanti in cui é
adattato il Mitreo é leggermente posteriore, e la data del 162 nella
dedica delle statuette di Cautes e Cautopates, rinvenute nel sacello
lo riporta all'età di Marco Aurelio. Il Mitreo é quindi uno dei più
antichi rinvenuti ad Ostia e non é priva di significato la sua collocazione in un palazzo pubblico costruito dagli Antonini tenedo
conto del particolare favore che ebbe con Commodo il culto Mitriaco e dei rapporti di Commodo con Ostia [1]).

Mitreo delle Pareti dipinte (Reg. III, Ins. I, 6).

Fu impiantato nel peristilio di una antica domus del II sec.a.C.,
che subì rifacimenti in età augustea, nel II sec.d.C.e ancora più
tardi quando, forse, la casa non era più abitazione privata.
Non è chiaro se taluni ambienti adiacenti fossero annessi al
santurio. Come in altri mitrei ostiensi, per ragioni specialmente
struttive, la cella é bipartita da due specie di ante. Ha i banconi
laterali con nicchiette, in corrispondenza delle ante cui si é accennato. Altre due nicchiette erano a metà circa dei podi della parte
più interna della cella. L'altare in fondo é a ripiani con gradini in
cui sono murate due iscrizioni lacunose: nell'una é nominato un
sacerdos, nell'altra un *L. Sempronius* dedica o costruisce per il dio il
thronum, già noto da altre iscrizioni mitriache [2]). Dinanzi, su una
base, é l'ara (Tav. X, 13) con cavo interno per la lucerna e con busto
del *Sol* a rilievo, radiato e con una specie di mezza luna a traforo
all'altezza del collo [3]), sui lati erano scolpiti Cautes e Cautopates.
Dinanzi all'ara era un pozzetto circolare chiuso da un disco. Le
pareti erano dipinte con soggetti mitriaci: purtroppo perdute sono
quelle della parte di fondo in cui era forse Mitra circondato da varie
scene del suo mito come é noto da altri mitrei; parzialmente
conservate sono invece quelle della parete destra in cui il
Becatti ha riconosciuto personaggi del mito e gli iniziati dei vari
gradi, così come si vede, ad esempio, nel Mitreo di Santa Prisca in

---

1) *Cf.* Meiggs, *Ostia*, p. 79; per il Mitreo: Becatti, *Mitrei*, pp. 53-57, tav.
IX-X; Vermaseren, *op. cit.*, no 250-263.
2) Becatti, *Mitrei*, p. 60, tav. XI, 3 e fig. 13; tav. XIII, fig. 4.
3) Becatti, *Mitrei*, pp. 61-62, tav. XI, 2.

Roma [1]). Vediamo Cautopates (Tav. XI, 15) con la face abbassata e, nella parte più esterna della cella, quattro figure virili in abiti reali (tunica giallastra con clavi rossi) con una fiaccola in mano (Tav. XII, 16) potrebbero essere dei *leones*, iniziati che erano al quarto grado della gerarchia [2]); nella parte più interna si potrebbero riconoscere l'*Heliodromus* in corsa con una face sollevata (Tav. XI, 15); il *Miles* con la lancia e il *Nymphus*, in abiti femminili come mistica sposa (Tav. X, 14). Sulla parete opposta tracce lacunosissime farebbero pensare ad una processione di fedeli come nel Mitreo di Santa Prisca.

Dallo scavo provengono due cippetti marmorei uno dei quali ricorda come *antistes* del mitreo lo stesso *C. Caecilius Ermeros* che nel 162, dedicando l'ara e le statue di dadofori nel mitreo del palazzo imperiale si dichiarava *antistes* anche di quello [3]).

Il mitreo, sia per lo stile delle pitture, sia per la presenza della dedica di Ermerote dovrebbe datarsi in età antonina, poco dopo quello del palazzo imperiale, ed ebbe vari restauri, specie al *thronum*, come dimostra il reimpiego di precedenti iscrizioni nel suo rivestimento [4]).

Sacello delle tre navate (Reg. III, Ins. II, 2).

Impiantato lungo il lato meridionale del caseggiato degli Aurighi, per quanto presenti una disposizione di pianta simile a quella dei mitrei (klinai sui lati, nicchia con altare) non pare fosse dedicato al culto di Mitra o almeno non ve n'é la certezza (per esso v. oltre p. 63) [5]).

Mitreo della Planta Pedis (Reg. III, Ins. XVII, 2). Tav. XIII, 17-18.

Di questo mitreo si é già detto a proposito del Serapeo e del legame del culto mitriaco con quello del dio egizio. Ricorderemo

1) A. Ferrua, *Il Mitreo di S. Prisca in Roma* in BCom, LXVIII, 1940, p. 5 e segg.; M. J. Vermaseren e C. C. van Essen, *The Aventine Mithraeum Adjoining the Church of St. Prisca* in *Antiquity and Survival*, 1955, pp. 18-28.

2) Il Vermaseren (*op. cit.*, no 268,5) pensa che qui abbiamo un *nymphus*, un *Perses*, un *leo*.

3) *Cf.* Becatti, *Mitrei*, p. 67. L'altro cippetto dà solo il nome del dedicante *A. Aemilius An* . . . . .

4) Becatti, *Mitrei*, pp. 59-68, tavv. XI-XIII; Vermaseren, *op. cit.*, no 264-270.

5) Becatti, *Mitrei*, pp. 69-75, tav. XIV; Vermaseren, *op. cit.*, no 271.

ancora per l'importanza del Sole nel culto mitriaco, che nella muratura dell'altare a gradini del Mitreo si é rinvenuto murato intenzionalmente un billone, probabilmente di Valeriano padre, con al rovescio l'immagine del Sole e la leggenda ORIENS AVGG. L'altare fu dunque ricostruito tra il 253 e il 259, rimettendovi in opera una precedente dedica a Mitra del sacerdote *Florius Hermadio*, *pro salute* di due Augusti, probabilmente Marco Aurelio e Commodo, dato che intorno a quell'epoca dovrebbe risalire il primo impianto del mitreo. Durante lo scavo si rinvennero anche i due frammenti laterali con Sol e Luna di un rilievo mitriaco, volutamente ritagliati dall'insieme e un bacino marmoreo circolare con la già ricordata dedica di un *M. Umbilius Criton*, che é da identificarsi con lo scultore ateniese che firmò il gruppo scultoreo nel Mitreo delle Terme del Mitra. Insieme a lui é ricordato *Pylades vilicus*, contadino di origine greca di una qualche tenuta ostiense. Il legame di Silvano col culto mitriaco é anche qui attestato da una dedica di *Hermes*, schiavo di un *M. Iulius Eunicus*. E' notevole rilevare per gli strati sociali in cui era diffuso il mitraismo, che molte delle dediche qui rinvenute sono di schiavi e tutte sono di persone di origine greca o greco-orientale [1]).

Mitreo degli animali (Reg. IV, Ins. II, 11). Tav. XIV, 19.

Sorse accanto all'angolo occidentale del Campo della Magna Mater ed era stato creduto dal Visconti lo *spelaeum* delle iniziazioni metroache [2]). Era stata dubbia la sua destinazione sia per l'errata interpretazione dei mosaici del pavimento, sia per la limitazione dei podi laterali alla parte più interna della cella (ma forse le tracce poterono perdersi durante lo scavo). Sul fondo é un podio con gradini e nicchia che ricorda quello del mitreo del palazzo Imperiale, mentre la presenza dei pilastri che suddividono la cella ricorda l'analoga sistemazione del Mitreo della *planta pedis*. Le figurazioni che spiccano in nero sul fondo bianco del mosaico si riferiscono

1) Becatti, *Mitrei*, pp. 77-85, tav. XV-XVI; Vermaseren, *op. cit.*, no 272-277.
2) C. L. Visconti, in *Ann. Ist.*, XL, 1868, p. 402 sgg:. *Mon. Ist.*, VIII, tav. LX. Il Cumont, *Textes et monuments figurés relatifs aux Mystères de Mithra*, II, p. 414, no 295 e pp. 523-524 lo considerò tra i mitrei incerti, come pure il Paschetto, *Ostia*, p. 374.

tutte al mistero mitriaco: verso l'ingresso una figura virile nuda
che regge in una mano una paletta forata e nell'altra un falcetto
probabilmente rappresenta un *leo* il quale doveva trasportare il
fuoco sulla paletta forata durante l'iniziazione, mentre il falcetto,
che allude alla natura rifiorente per il sangue del toro, appare
altrove come simbolo del *Perses*. Forse qui i due simboli, uniti in
una stessa persona, la vogliono identificare come *mystes* mitriaco.
Seguono un gallo attributo del sole sorgente Cautes; un corvo,
messaggero di Mitra e simbolo del primo grado di iniziazione; uno
scorpione, l'essere malefico che tenta di invalidare i benefici effetti
del sacrificio del toro pungendone i genitali; il serpente, simbolo
della terra, che bevendo il sangue del toro rifiorisce a nuova vita;
in fine la testa stessa del toro tra un coltello sacrificale e la coda
dell'animale. Sono dunque rappresentati separatamente gli animali
che compaiono raggruppati nei rilievi mitriaci. Dallo scavo Visconti
provengono una bella testa di Mitra del tipo patetico di Alexander-
Helios e un'altra, probabilmente di Helios, ambedue al Museo
Laterano, che sembrano dello stesso stile delle teste provenienti
dal Mitreo del Palazzo Imperiale. Dal vicino Campo della Magna
Mater e precisamente dalla *schola* dei dendrofori proviene un'iscrizione di *M. Cerellius Hieronymus*, *pater* mitriaco e *sacerdos*, forse
di Attis (*CIL*, XIV, 70) noto anche da altre iscrizioni mitriache
(v. sopra p. 38, nota 3). Tale iscrizione unitamente alla vicinanza
del mitreo con il santuario di Cibele (il Cumont pensava ad una
contemporaneità di costruzione con la supposta *schola* dei dendrofori) proverebbero una stretta unione tra i due culti orientali,
dovuta probabilmente non soltanto al comune substrato delle due
religioni, basato sulla concezione della morte e della resurrezione,
ma anche alle coincidenza e somiglianza di taluni riti: il taurobolio
si avvicinava al sacrificio del toro e ne aveva gli stessi effetti catar-
tici; Attis aveva punti di contatto con Mitra ecc. [1]).
Il mitreo degli animali deve essere di poco posteriore alla costruzione del Santuario della Magna Mater, probabilmente sorse intorno
al 160 d.C. [2]).

1) *Cf.* F. Cumont, *Les religions orientales dans le paganisme romain*,
Parigi 1929, pp. 62-63.
2) G. Becatti, *Mitrei*, pp. 87-92, tavv. XVII-XVIII, XXXI, 2-3, XXXII,

Mitreo delle sette porte (Reg. IV, Ins. V, 13). Tav. XIV, 20.

Fu ricavato in uno degli ambienti di un magazzino del I sec.d.C. con doppia fila di celle ai lati di un cortile. Se si eccettui la costruzione dei banconi laterali e di una nicchia nella parete di fondo, nessuna altra modifica fu apportata al primitivo vano. Le banchine dinanzi ai podi si iniziano con un pilastrino e avevano verso la metà la solita nicchietta contenente un'aretta di reimpiego: in una, era anche interrata un'olla, trovata colma di ossi di polli e di conigli e di tre vasetti frammentati. Nel pavimento dinanzi all'altare é il pozzetto rituale (formato da un orcio interrato) fiancheggiato da due quadrati marmorei, inseriti nel mosaico, da cui emerge una fistula plumbea tagliata. L'ara quadrangolare, in muratura intonacata, presenta un foro passante per la collocazione di una lampada, che sulla fronte, dove era chiuso da una lastra di vetro, pare fosse formato a mezza luna. Si ripete dunque anche qui il sistema di immagini illuminate in trasparenza già notato nelle are dei mitrei della casa di Diana, di Lucrezio Menandro e delle pareti dipinte. Sotto l'apertura a crescente resta un perno che doveva sorreggere un ornamento oggi perduto [1]).

La nicchia di fondo era dipinta di azzurro con macchie rosse e non pare vi fossero figure. La parete di fondo dello *spelaeum* é tutta intonacata di rosso, colore che richiama il fuoco e la luce solare, quelle laterali hanno invece la rappresentazione di un lussureggiante giardino con piante esotiche, che richiama la „grotta fiorita" dedicata a Mitra da Zoroastro nei monti della Persia, e simboleggia il rifiorire della natura per opera del dio. Come nel Mitreo delle sette sfere, pavimento e podi sono rivestiti di mosaici di soggetto simbolico, che appunto a quelli si richiama. Proprio dinanzi all'ingresso é raffigurata un'architettura con grande arco

4; Vermaseren, *op. cit.*, no. 278-282 (i numeri 283-286 sono dediche di statuette nella *schola* dei dendrofori di cui si é detto e non mi sembra abbiano attinenza col culto mitriaco).

1) Sotto l'ara si rinvenne una moneta di Faustina Minore (Cohen, III, p. 139, no 38) che costituisce un terminus post quem per la costruzione dell'ara. Accanto si rinvenne una lucerna a sei becchi, frammentata, che ricorda la dedica di analoghe lucerne in un mitreo romano, e il rinvenimento di quella polilicne nel mitreo ostiense del palazzo Imperiale e nel mitreo di Petronell in Pannonia.

centrale fiancheggiato da tre archi minori per parte. Sono le sette porte delle sfere planetarie attraverso cui passava l'anima del fedele per giungere alla purificazione [1]). Le divinità dei pianeti sono rappresentate in mosaico, quattro sulle pareti verticali dei podi (Marte, la Luna, Venere, Mercurio) e due sul pavimento dietro l'altare (Giove e Saturno) il settimo pianeta, il Sole, era Mitra stesso, che doveva essere raffigurato nella nicchia di fondo. Completano la decorazione musiva dei podi le figurette di Cautes e Cautopates sui pilastrini che erano al loro inizio e un motivo di girale floreale sul piano dei podi stessi, e sulla faccia verticale tra le figure dei pianeti. Sul pavimento dinanzi all'altare completa il simbolismo cosmico di questo mitreo la raffigurazione degli elementi: il cratere, simbolo dell'acqua, elemento indispensabile nei mitrei ove é sostituito spesso dal pozzetto o da un vaso rituale; il serpente, simbolo della terra, e l'aquila, simbolo dell'aria, che ha tra le zampe il fulmine, simbolo del fuoco.

Da questo mitreo provengono i frammenti di un grande cratere, con invetriatura verde (Inv. 5684), decorato con figure di divinità, probabilmente i dodici dei dell'Olimpo assimilati a quelli della divina assemblea mitriaca, che compaiono in vari rilievi: il vaso aveva evidentemente scopi rituali. Tra i rinvenimenti ricordiamo anche i resti di una statuetta di dadoforo e quelli di una statuetta femminile adattata per fontanina e una basetta con dedica di un *Sex. Fusinius Felix*. Lo stile della pitture e dei mosaici insieme alle monete rinvenute sotto l'ara e nel riempimento dei podi datano il mitreo tra il 160 e il 170 d.C. [2]).

Mitreo dei Serpenti (Reg. V, Ins. VI, 6).

Ricavato in un vano interno di un fabbricato con tabernae più volte rimaneggiato ha la solita pianta allungata, i due podi addossati alle pareti con le nicchiette al centro e l'altare e gradini, dinanzi a cui é una piccola ara in muratura. Nell'angolo tra la parete di fondo e quella di sinistra resta la pittura di un *genius* tra due grandi

---

1) *Cf.* Becatti, *Mitrei*, p. 97 ove é riportato anche il passo di Celso riferito da Origene in cui é descritta la ,,scala con sette porte" ciascuna sotto il simbolo di una divinità planetaria.

2) Becatti, *Mitrei*, pp. 93-99, tavv. XIX-XXII, XXXVII, 1, 3; Vermaseren, *op. cit.*, no 287-293.

serpenti, appartenente ad un preesistente Larario domestico, che venne però rispettato quando si costruì il mitreo, forse perché il serpente, simbolo della terra, é costantemente legato come abbiamo visto al culto mitriaco ed é simbolo ricorrente in rilievi, mosaici e pitture degli *spelaea*.

Il Mitreo, come oggi si presenta, é tra i più poveri di Ostia, senza mosaici, o rivestimenti marmorei, spoglio di ogni oggetto, iscrizione o scultura. Il Vermaseren ha attrituito a questo mitreo le statuette di Cautes e Cautopates rinvenute lungo la Semita dei cippi, ma, come notava il Becatti[1]), esse potrebbero anche attribuirsi al Mitreo di Felicissimo che é pure nelle vicinanze.

Difficile ne é la datazione precisa anche perché le murature, come si é accennato, furono assai rimaneggiate prima dell'impianto del santuario: probabilmente é della metà del III sec. [2]).

Mitreo di Felicissimo (Reg. V, Ins. IX, 1).

Ricavato in un edificio di incerta destinazione più volte rimaneggiato tra il II e il III secolo. Vi si entrava da un ambiente laterale che, con altri adiacenti, pare fosse annesso al santuario. Ha i due podi piuttosto bassi e senza le solite nicchiette; presenta una nicchia semicircolare proprio all'inizio della parete destra, di fronte all'ingresso, che si apre nella parete sinistra, e presso il quale é il pozzetto rituale; non restano tracce dell'altare sulla parete di fondo. La parte più interessante del mitreo é il pavimento musivo (sia del corridoio tra i due podi, sia del corridoietto trasversale tra ingresso e nicchia laterale) dedicato, *ex voto*, da un tal *Felicissimus*. Nelle raffigurazioni é la più completa rappresentazione del culto e del simbolismo mitriaco che Ostia ci abbia conservato (Tav. XVI, 23).

Nettamente distinte sono quelle del corridoietto tra ingresso e nicchia laterale da quelle del corridoio centrale: nel primo é data quasi l'inquadratura cosmica del mistero attraverso la rappresentazione simbolica degli elementi — acqua (cratere), fuoco (ara accesa) cielo (pilei dei Dioscuri che raffigurano gli emisferi

1) p. 129 no 2-3, tav. XXXVII, 4 e 6.
2) Becatti, *Mitrei*, pp. 101-104, tavv. XXIII-XXIV, 1; Vermaseren, no 294-297.

celesti) — nel secondo, suddiviso in sette comparti uguali e un ottavo maggiore, sono rappresentati i vari gradi dell'iniziazione con i simboli dei pianeti che li proteggono. Si susseguono i simboli nei singoli riquadri seguendo la progressione dei gradi di iniziazione sicché il più alto é il più vicino all'altare: nel primo riquadro un corvo raffigura il *corax*, che é sotto la protezione di Mercurio, rappresentato dal caduceo [1]), e un piccolo vaso rituale, probabilmente quello con le acque lustrali, che vediamo rappresentato nelle decorazioni dei mitrei e che vi si trovava anche in realtà. Nel secondo riquadro la lucerna monolicne indica il *nymphus*, lo sposo mistico, sotto la tutela di Venere rappresentata dal diadema. Nel terzo riquadro é la lancia e una specie di bisaccia o otre, simboli del *miles* che é sotto la naturale protezione di Marte, rappresentato dall'elmo. Il *leo* é rappresentato dalla paletta, con cui doveva portare o attizzare il fuoco nel rituale d'iniziazione, che già abbiamo visto caratterizzarlo anche nel Mitreo degli Animali, ed é sotto la protezione di Giove, simboleggiato dal fulmine. Tra i due simboli é un sistro, oggetto rituale che fa pensare alla Magna Mater: probabilmente, dato che il leone era l'animale a lei sacro, il mystes mitriaco, che da esso prendeva il nome, era anche sotto la protezione della dea. Una volta ancora quindi avremmo la prova di quei rapporti tra i due culti dovuti, come si é accennato, non solo alla loro concezione fondamentale, ma anche a somiglianze di rituali e di simbolismi. Nel quinto riquadro una spada ricurva, propria di Perseo, caratterizza il *Perses*, che é sotto la protezione della Luna rappresentata da una mezza luna con le stelle, tra i due simboli una falce é l'oggetto rituale che doveva essere proprio del Perses il quale, altrove, é rappresentato con falce e spighe, forse perché questo grado d'iniziazione si collegava con la rinascita della natura rigenerata dalla prova del fuoco sostenuta dal mystes nel grado precedente [2]).

[1]) Altrove il *corax* é messo in relazione con la Luna, ma, come nota il Becatti, forse l'abbinamento documentato nel mitreo ostiense é il più canonico anche perché talora si trova testimoniato l'epiteto *hierokorax*, modellato su *hierokeryx*, che dimostra come il corvo era considerato come l'araldo del Sole e, sotto tale aspetto, é più conveniente la protezione di Mercurio, araldo degli dei.

[2]) Se si consideri questo legame tra il *Perses* e le messi appare più consona la protezione della Luna, che, come si sa, era messa in relazione con la loro

Il seguente grado l'*heliodromus* é rappresentato dalla sferza per la quadriga del Sole sotto la cui protezione egli era e che é qui simboleggiato dalla corona radiata e accompagnato dalla fiaccola di Phosphoros, la stella del mattino. Infine, nell'ultimo rettangolo, il berretto frigio di Mitra é simbolo del *pater*, dell'iniziato giunto al sommo della sua anabasi catartica ed assimilato quindi col dio stesso; come la bacchetta magica, il *rabdos*, che in altre rappresentazioni il *pater* tiene in mano mentre guida gli iniziati attraverso le prove che li faran passare di grado; un falcetto rappresenta Saturno, la divinità planetaria sotto il cui patronato era il sommo iniziato. Nell'ultimo e maggiore dei rettangoli un vaso rituale, circondato da spighe e da ramoscelli fioriti, simboleggianti la natura rifiorente, é disposto al di sotto dell'iscrizione dedicatoria di *Felicissimus*.

Attraverso i simboli descritti si può seguire con chiarezza il complesso processo dell'iniziazione nelle sue varie fasi e si riesce a meglio interpretare altre raffigurazioni ostiensi. Lo stile del mosaico e il tipo delle murature datano il mitreo nella seconda metà del III sec. d. C. [1]).

Così detto "Sabazeo" (Reg. V, Ins. XII, 3).

Impiantato in una cella di horrea attigui a quelli di *Hortensius* sul decumano. È un ambiente rettangolare con due podi sui lati e pavimento fatto in mosaico nero con l'iscrizione del fedele che lo dedicò — *Fructus suis impensis consummavit* (CIL, XIV, 4297) — parte in lastre di marmo di reimpiego [2]). Nel fondo del corridoio centrale restano tre gradini, ma perduti sono alcuni elementi di questa parte di fondo descritti dal Vaglieri al momento della scoperta [3]). Nel pavimento di marmo é un foro imbutiforme, che potrebbe essere il pozzetto rituale, trovato coperto da un oscillum di marmo con un satiro ed una menade. Sotto al pavimento si rinven-

crescita, che non quella di Mercurio che altrove é messo in relazione con questo grado di iniziazione.

1) Becatti, *Mitrei*, pp. 105-112, tavv. XXIV, 1; XXV; Vermaseren, *op. cit.*, no 299.

2) Tra l'altro l'iscrizione CIL, XIV, 4722: *exedr(a) peculiar(is) Arpoc[ratis]*, interessante per il ricordo della divinità egiziana.

3) *NSc*, 1909, pp. 20-21.

nero due monete del II sec., una lastra di marmo con l'impronta di due piedi, e alcune anfore frammentate contenenti lische di pesce. Provengono di qui le iscrizioni *CIL*, XIV 4296 e 4318 di cui parleremo più oltre, che fecero identificare il santuario con il Sabazeo, mentre il Becatti pensa decisamente ad un Mitreo. Sulla questione torneremo a proposito del culto di Sabazio in Ostia, per ora ricorderemo ancora che il Becatti attribuisce alle decorazione di questo sacello un fregio, rinvenuto in due frammenti, in cui sono incisi i busti delle divinità planetarie disposte secondo l'ordine dei giorni della settimana: Saturno (mancante), Sole, Luna, Marte, Mercurio (mancante), Giove, Venere. Pur considerando l'importanza dei pianeti nel culto mitriaco essi potrebbero anche convenire al culto di Sabazio.

L'edificio é della prima metà del III sec. [1]).

Mitreo Fagan.

E' il primo dei mitrei ostiensi, scavato tra il 1794 e il 1800 dal pittore inglese Fagan, ma non se ne conosce l'esatta ubicazione: era verisimilmente nella zona tra Tor Boacciana e il così detto palazzo Imperiale. Secondo le descrizioni pare dovesse essere un ambiente semisotterraneo come quello delle Terme del Mitra. Il materiale in esso rinvenuto é oggi conservato ai Musei Vaticani: un gruppo di Mitra, nel solito costume orientale, col manto svolazzante trapunto di stelle e mezza luna, in atto di sacrificare il toro la cui coda termina in un fascio di spighe su cui posa il corvo; completano l'insieme il cane, il serpente e lo scorpione. Il gruppo é dedicato dal sacerdos *C. Valerius Heracles* e da *L. Sextius Karus* (*CIL*, XIV, 64). Lo stesso *Valerius Heracles*, qui detto *pater*, insieme ad altri due sacerdoti dedicavano nel 190 d. C. (*CIL*. XIV, 65) la bella statua del dio leontocefalo rappresentante il tempo, avvolto nelle spire di un serpente, con quattro ali su cui sono i simboli delle stagioni, con due chiavi ed uno scettro in mano e con simboli di varie divinità scolpiti sui pilastrini di sostegno della figura. La stessa divinità leontocefala volante su un cratere cui si abbevera il serpente che avvolge la figura é rappresentata in un rilievo.

1) Becatti, *Mitrei*, pp. 113-117, tavv. XXVI, 2; XXXVIII, 3; Vermaseren, *op. cit.*, no 300-308.

Da questo stesso mitreo, data l'identità del dedicante, dovrebbe derivare anche l'iscrizione *CIL*, XIV, 66, nota dai manoscritti del Visconti, che riveste un singolare interesse poiché il solito *Valerius Heracles, pater et antistes* di Mitra adatta *cryptam palati concessam sibi a M. Aurelio*, cioé una stanza sotterranea di un palazzo concessagli da un M. Aurelio . . . ., che probabilmente deve essere Commodo come supplì il De Rossi e come afferma anche il Becatti specie per il fatto che *palatium*, almeno dal II secolo, designa genericamente qualunque residenza ufficiale dell'Imperatore.

Poiché si conosce il favore accordato al mitraismo da Commodo, che vi si fece anche iniziare, non é improbabile che proprio lui concedesse al culto una stanza sotterranea della sua residenza ufficiale ostiense [1]), che potrebbe identificarsi proprio con il così detto palazzo imperiale, costruito da Antonino Pio e ampliato dai suoi successori. Nella parte scavata di quell'edificio già é noto un mitreo, é possibile che un altro ve ne fosse nei sotterranei, né ciò deve stupirci dato che Ostia stessa dimostra che i mitrei servivano per un ristretto numero di fedeli e che, quando essi crescevano troppo di numero, il sovrappiù si distaccava dal primitivo nucleo per riunirsi in un altro santuario: ciò spiegherebbe da un lato il gran numero di santuari rinvenuti, dall'altro la estrema vicinanza, quasi il raggruppamento, di taluni [2]).

Mitreo Petrini, v.sopra *Mitreo delle Sette Sfere* [3]).

All'elenco degli *spelaea* mitrici e degli oggetti in essi rinvenuti si aggiungono dei monumenti sporadici provenienti probabilmente da altri santuari, che lo scavo ancora non ha rivelato: di alcuni si é già accennato nell'enumerazione dei mitrei noti, per la possibilità che ad essi avessero appartenuto, degli altri daremo qui un breve elenco: torsetto virile nudo, forse di Helios, con sul petto incisa una dedica a Mitra di un [. . .]*atilius Glyco*, (*CIL*, XIV, 4307) ora ai Musei Vaticani. Il rinvenimento tra il decumano massimo e la Via dei Mulini potrebbe farlo attribuire al Mitreo della casa di

1) Per i contatti di Commodo con Ostia, la quale in quel periodo fu chiamata *colonia Felix Commodiana, cf.* Meiggs, *Ostia*, p. 79 sg.

2) Becatti, *Mitrei*, pp. 119-121, tavv. XXXIV, 2, XXXVI; Vermaseren, no 309-315.

3) Becatti, *Mitrei*, pp. 123-124, tav. XXXIV, 1.

Diana o a quello di Lucrezio Menandro [1]). Disco bronzeo di fibbia (oggi all'Ashmolean Museum di Oxford) in cui é inciso Mitra che uccide il toro, raffigurato in un momento analogo a quello dle gruppo di Kriton, cioé mentre ancora non ha immerso il coltello nella gola dell'animale e volge il capo in alto verso il Sole, quasi a dedicargli il sacrificio purificatore: qui egli guarda ed ascolta il corvo, poggiato sul suo mantello e che gli porta l'ordine del Sole di compiere l'immolazione. L'oggetto si data nella prima metà del III sec. [2]).

Probabilmente collegate col culto mitriaco sono anche delle placchette bronzee con incisi i simboli di pianeti (Sole, Venere, Marte) e dello zodiaco (Scorpione, Leone, Sagittario, Gemelli), che potevano ornare un rilievo mitriaco [3]) o forse una statua del dio leontocefalo (Tav. XV, 21). Non so con quanta attendibilità si possa attribuire un significato mitriaco anche al piccolo scorpione in bronzo che pure fa parte delle collezioni ostiensi [4]). Il sacrificio del toro appare in rilievo bassissimo e confuso anche in una placchetta di terracotta, forse parte di vaso [1]), conservato nel museo ostiense (Tav. XV, 22a).

Una basetta marmorea, che doveva sostenere una statuetta di Cautes reca la dedica di un [An]tonin[us], pater [6]), mentre un'altra base marmorea non solo reca l'acclamazione persiana tipicamente mitriaca in onore di un altro pater, Victor, ma ricorda che Aurelius Cresces, Augusti libertus, aveva tolto da un mitreo in rovina le statuette dei fratres, cioé Cautes e Cautopates, facendole restaurare [7]). La provenienza di questa iscrizione da uno dei vani del decumano massimo di fronte al teatro potrebbe far pensare che essa provenisse dal vicino „Sabazeo".

L'esistenza del culto mitriaco anche a Porto é documentata da un frammento di vaso marmoreo decorato di rilievi mitriaci di

---

1) Becatti, Mitrei, p. 129, tav. XXXVIII, 2; Vermaseren, no 319-320.
2) Becatti, Mitrei, p. 129, sg. tav. XXXVIII, 1; Vermaseren, no 318.
3) M. Floriani Squarciapino, Placchette con simboli dello Zodiaco in AC, V, 1953, pp. 260-262, tav. CXVI. Il Cumont (II, p. 428 sg.) ricorda il rinvenimento di simboli bronzei dello Zodiaco ad Angleur.
4) Inv. 3572.
5) Inv. 3253; cf. Becatti, Mitrei, p. 130, no 5, tav. XXXVIII, 5.
6) Becatti, Mitrei, p. 130, 6; Vermaseren, no 317.
7) CIL, XIV, 4315; Becatti, Mitrei, p. 130, no 7, tav. XXXIX, 3; Vermaseren, no 308.

cui é superstite l'immagine di Cautes con parte della iscrizione *Invicto deo S(oli* .... [1]) e da un „album sacratorum" (*CIL*, XIV, 286) che il Thylander [2]) ha riferito al culto di Iside, ma che più giustamente il Cumont, notando i titoli di *pater* e *leo* ha associato al culto di Mitra [3]).

Che i mitrei ostiensi siano tutti adattati in ambienti preesistenti di edifici di carattere pubblico o collegiale si é già detto; é notevole inoltre la loro localizzazione in ogni zona della città, che ci dimostra quanto ampiamente fosse diffuso il culto, specie tra i mercanti, soldati, servi che frequentavano gli horrea, gli edifici collegiali, le terme in cui i mitrei erano stati collocati. Sul ceto dei fedeli, non certo elevato, ci documentano oltre alla modestia delle decorazioni dei mitrei, sempre fatti a spese dei fedeli, anche le molte iscrizioni in cui compaiono di preferenza servi e liberti. I mitrei ostiensi, come accennammo, non portano novità riguardo all'architettura che si uniforma a quella comune: generalmente l'ingresso non é in asse con l'altare, o, se lo é, il mitreo é preceduto da altri ambienti sì che la vista del vero e proprio santuario é preclusa agli estranei. Nei podi laterali, che pare si chiamassero *praesepia*, che talora, per ragioni di spazio, possono essere ridotti in ampiezza o limitati ad una sezione del mitreo, sone presenti le due caratteristiche nicchie in cui poteva essere un'aretta o un'olla interrata, spesso piena di ossa di pollame, e talora le statue dei dadofori, che altrove sono all'inizio dei podi, mentre alla fine é documentata la presenza della *petra genetrix*.

Qualche novità si ha rispetto agli altari infatti é documentata la forma triangolare, e quella quadrangolare con cavità per una lampada che illuminava in trasparenza simboli o figurazioni intagliate sulla fronte dell'ara. Ampiamente documentato é poi il *thronum*, quella nicchia a ripiani, variamente ornata e variamente articolata, che conteneva l'immagine di culto e la cui funzione nel complesso rituale mitriaco ci sfugge. Oltre al pozzetto rituale é documentato ad Ostia anche l'uso di un *labrum* marmoreo o di un vaso fittile per l'acqua lustrale. Il complesso simbolismo cosmico

---

1) Becatti, *Mitrei*, p. 131, 8 = *CIL*, XIV, 55; Vermaseren, no 322-323.
2) *Inscriptions du Port d'Ostie*, B 295.
3) Cumont, *op. cit.*, II, 117, no 140; Vermaseren, no 325; Meiggs, *Ostia*, p. 388.

e i vari gradi di iniziazione sono documentati specialmente dai mosaici di taluni mitrei. Tra le immagini di culto é documentato sia il gruppo a rilievo, che é il più diffuso, sia quello a tutto tondo, sia l'immagine dipinta sulla parete, sia quella su stoffe (il *deum in velo formatum*, del Mitreo Aldobrandini). Le immagini di Cautes e Cautopates, sono generalmente presenti e rappresentate secondo l'iconografia canonica ed é documentata anche l'immagine di Chronos leontocefalo. Inoltre é presente, talora, l'immagine di Helios di un tipo tardo ellenistico noto a Roma dal mitreo di S. Clemente.

Le gerarchie sacerdotali e dei *mystes* sono documentate dalle rappresentazioni simboliche, ma epigraficamente sono nominati solo il *sacerdos* o *antistes* e, tra gli iniziati, il *pater* e, in qualche caso, il *pater patrum*. Dei culti associati ricordiamo in particolare quello di Silvano e forse del *deus Arimanius* documentati epigraficamente o iconograficamente e di Dioniso mentre la contiguità dei santuari lascia intendere rapporti anche con quelli della Magna Mater e di Serapide.

L'evidenza dei monumenti prova che ad Ostia il mitraismo si diffonde verso la metà del II secolo con puntate massime nel III, dopo che l'iniziazione di Commodo gli aveva garantito la protezione imperiale. Per il suo carattere mistico, monoteistico e quasi fraterno, per cui tutti i fedeli erano uguali dinanzi al dio e, senza distinzioni sociali, potevano partecipare della divina grazia, il mitraismo ebbe ampia presa specie tra i ceti più umili della popolazione, che restavano esclusi dai culti ufficiali e, per tale ragione, costituì, come accennammo, uno dei più irriducibili e pericolosi avversari del cristianesimo. Una sicura traccia di questa sorda lotta é documentata anche ad Ostia dalle evidenti, intenzionali distruzioni con cui taluni mitrei chiusero la loro vita: spezzata e gettata in una fogna venne rinvenuta la statua del Mitreo delle Terme del Mitra, su cui si impiantò un oratorio cristiano; frantumato era l'altare del mitreo delle pareti dipinte; tracce di un incendio rivelava il mitreo di Fructosus; e generalmente spogli di molti ornamenti erano un pò tutti gli *spelaea* [1]).

Ad ogni modo il culto, con alterne vicende, dovette durare in alcuni dei santuari almeno fino alla fine del IV secolo quando la reazione di Giuliano l'Apostata diede un effimero impulso a tutti i culti pagani.

[1] *Cf.* Becatti, *Mitrei*, pp. 138-139; Meiggs, *Ostia*, p. 401.

CAPITOLO IV

TESTIMONIANZE DI ALTRI CULTI ORIENTALI

In confronto alle ricchissime testimonianze monumentali ed epigrafiche del culto frigio di Cibele, di quello egizio di Iside e Serapide, di quello persiano di Mitra scarse e lacunose sono quelle di altri culti orientali dei quali tuttavia taluni documenti sporadici fanno supporre l'esistenza. Elencheremo qui tali documenti che, allo stato attuale delle nostre conoscenze, dimostrerebbero soltanto l'esistenza di fedeli isolati e non di un culto organizzato sebbene non si possa escludere che ulteriori scoperte possano mutare completamente o parzialmente il quadro.

Jupiter Dolichenus, il dio della Commagene forse simile all'Hadad di Heliopolis e al Malakbel palmireno, identificato a Roma con Giove, fu divinità essenzialmente militare il cui culto fu ampiamente diffuso proprio dai soldati attraverso i loro spostamenti. A Roma sono conosciuti due santuari, l'uno sull'Esquilino, l'altro sull'Aventino e appaiono associati al culto dolicheno anche Iside e Serapide [1]) onde potremmo anche supporre che ad Ostia l'Iseo o il Serapeo potessero, in mancanza di un santuario del dio, ospitare le dediche a lui indirizzate. Una piccola lastra marmorea con dedica del quinquennale di un collegio ignoto, L. Plinius Nigrinus, a Giove Dolicheno é stata in realtà rinvenuta insieme ad un alfabeto magico, che aveva attinenza al culto [2]), nella cella del tempio repubblicano tetrastilo (Reg. I, Ins. XV, 2) vicino al tempio di Ercole. Il dedicante potrebbe identificarsi con il duoviro ostiense del 147 [3]) e la dedica quindi assume, come bene osserva il Bloch, un preciso valore *locale*, che potrebbe suggerire l'esistenza di un

---

1) Cf. A. M. Colini in *BCom*, 1935 p. 151 sgg.; C. Pietrangeli, *Musei Capitolini, I monumenti dei culti orientali*, Roma 1941, p. 40 sgg., no 24, 25, 30-32. Più in generale: A. H. Kan, *Juppiter Dolichenus*, Leiden 1943; P. Merlat, *Répertoire des inscriptions et monuments figurés du culte de Jupiter Dolichenus*, Paris 1951.

2) H. Bloch in *NSc*, 1953, p. 242, nn. 4, 5.

3) Cf. Bloch *l.c.*, e Degrassi, *Inscr. It.* XIII, 1. *Fasti Consulares* p. 237.

santuario. Non pare per altro possibile, o almeno non provabile, che esso possa riconoscersi nel tempio da cui la iscrizione proviene, tempio arcaico la cui divinità titolare si deve piuttosto ricercare tra le divinità romane legate, forse, col culto di Ercole: é probabile che essa come tante altre iscrizioni, ostiensi sia stata trovata lungi dal suo sito originario [1]) o che, se in situ, la divinità cui il tempio era dedicato potesse in seguito essere stata posta in rapporto con Giove Dolicheno. Mi sembra però degno di nota il fatto che nel *Dolocenum* dell'Aventino si siano trovati taluni monumenti che dimostrano la connessione di Ercole dol culto di Giove Dolicheno o almeno una particolare venerazione dei seguaci di Ercole anche per Giove Dolicheno: una statuina di Ercole ed una di Onfale danzante [2]) e due are dedicate al Sole e alla Luna dal *Collegium Herculis Metretariorum* [3]). Ricordiamo anche che Commodo, particolarmente devoto di Giove Dolicheno [4]) amava identificarsi con Ercole ed é anzi l'Ercole Romano. Ad ogni modo la datazione per ragioni epigrafiche e prosopografiche alla metà del II sec. gli dà una certa priorità, sia pure di pochi decenni, sulle altre due dediche da Ostia, o meglio da Porto, uniche note sino a questi ultimi anni [5]), ambedue poste in onore di Commodo, che fu particolarmente devoto del dio. Se si noti che il culto in Roma é documentato specie dall'età degli Antonini, quando i mercanti siriaci di granaglie erigono il *Dolocenum* sull'Aventino [6]) e il santuario sull'Esquilino, non sembrerà privo di significato che intorno a questo lasso di tempo si raggruppino le documentazioni Ostiensi: ancora una volta sembrerebbe che il culto invece che risalire il Tevere lo avesse disceso.

Le due dediche portuensi sono interessanti più come documentazione di una generale diffusione del culto nel periodo degli Antonini, o come prova del culto di Commodo, che non da un punto di

---

1) Meiggs, *Ostia*, p. 376.
2) Pietrangeli, *op. cit.*, p. 43, no 39; p. 45, no 45.
3) Pietrangeli, *op. cit.*, p. 40, no 21; 41, no 26; A. M. Colini in *BCom*, 1935, p. 151; *id.*, in *Epigraphica*, 1939, pp. 122-124.
4) *Cf. PWRE*, s.v. *Dolichenus* (Cumont).
5) Ross Taylor, *Cults*, pp. 78-79; Meiggs, *Ostia*, p. 388.
6) *Cf.* G. Lugli, *I Monumenti antichi di Roma e suburbio*, III, *A traverso le regioni*, Roma 1938, pp. 590-594.

vista locale, l'una infatti del 191-2 (*CIL*, XIV, 22 = Thylander, B 296) é posta da *L. Rubrius Maximus*, comandante di un'ala di cavalleria spagnola, forse quindi spagnolo egli stesso; l'altra (*CIL*, XIV, 110 = Thylander B 319) del 186, é una dedica di un distaccamento di marina della flotta misenate temporaneamente di stanza ad Ostia. Si tratta dunque di gente di passaggio che, o perché trattandosi di militari devota del dio, o per piaggeria verso l'imperatore, anch'egli a lui devoto, si rivolsero a Giove Dolicheno per raccomandargli la salvezza di Commodo.

Jupiter Heliopolitanus

Il Baal di Heliopolis, Hadad assimilato nel mondo romano a Giove O.M. con l'appellativo *Heliopolitanus*, non pare abbia avuto seguaci ad Ostia e ciò appare strano se si consideri che molti dovevano essere i mercanti siriani, che risiedevano o passavano dal porto di Roma: l'unica dedica nota finora a *I(ovi) O(ptimo) M(aximo) Heliop(olitano) Angelo pro salute* di Marco Aurelio e Commodo (177-180 d. C.) é stata rinvenuta a Porto (*CIL*, XIV, 24 = Thylander, B 297) ed é di un tale *Gaionas*, lo stesso *M. Antonius Gaionas*, che, nel 186, ricostruiva, ampliandolo, il Santuario gianicolense degli dei Siriaci [1]) sul luogo del primitivo tempio della fine della repubblica. Non sarebbe possibile da questa sola iscrizione dedurre l'esistenza di un santuario a Porto e ad Ostia, anche se, come si diceva, la presenza di Siriani in città avrebbe potuto giustificarla. Per ora dobbiamo considerare la dedica come un atto isolato di un fedele del dio; d'altra parte essendo Gaionas il ricostruttore del santuario romano in cui occupava la carica, connessa con i sacri banchetti, di δειπνοκρίτης, non é da escludere che cercasse di propagandare il culto anche fuori Roma, o che avesse costruito un sacello per la colonia siriana di Ostia.

Oggi é inutile attardarsi troppo sul calcolo delle possibilità, piuttosto l'iscrizione ostiense é interessante anche per l'attributo

---

1) P. Gauckler, *Le sanctuaire Syrien au Janicule*, Paris 1912; G. Darier, *Les Fouilles du Janicule à Rome*, Genève 1920; G. Lugli, *op. cit.*, pp. 664-673; S. M. Savage, in *MAAR*, XVII, 1940, p. 44 sgg.; *cf.* Ross Taylor, *Cults*, pp. 77-78 e ultimamente B. M. Felletti Maj, *Il santuario della triade Eliopolitana e dei misteri al Gianicolo* in *BCom*, LXXV, 1953-55 [publ. 1956], pp. 137-162 (con tutta la recente bibl.).

angelus di Giove Eliopolitano, che é stato spiegato come derivato dal greco ἄγγελος, attributo di varie divinità in quanto annunciatrici di bene [1]).

La varie e ampia commistione e sovrapposizione di riti e di divinità dimostrata dall'evidenza del santuario degli Dei Siriaci del Gianicolo potrebbe far ricollegare al culto di Giove Eliopolitano alcuni monumenti scultorei ed epigrafici ostiensi, ma poiché essi potrebbero ugualmente ricollegarsi ad altri culti meglio documentati ad Ostia sarebbe ozioso tentare l'impresa, sulla scorta di un sol monumento noto del dio siriaco. In via ipotetica si é pensato ad un luogo di culto di Giove Eliopolitano o di Giove Dolicheno per il „Sacello delle tre navate" (Reg. III; Is., II, 12) che fu adattato lungo il lato meridionale del caseggiato degli Aurighi.

Pubblicato dal Becatti nel corpus dei Mitrei ostiensi [2]) per le analogie planimetriche con lo *spelaeum* mitriaco, ha per altro dei caratteri anomali, méssi in luce dallo stesso editore, [3]) che rendono incerta l'identificazione con un Mitreo. La presenza della cucina connessa col sacello e con esso costruita ha richiamato alla mente la larga parte che i banchetti avevano sia nel culto degli Dei Siriaci, sia in quello di Giove Dolicheno; per altro, si deve riconoscere col Becatti che anche per una attribuzione in tal senso mancano prove sicure.

Marnas

Di un'altra divinità siriana, Marnas, vi é notizia in un'iscrizione greca portuense [4]): si tratta della dedica di una statua a Gordiano III, per gli speciali favori accordati alla città di Gaza, posta per ordine τοῦ πατρίου θεοῦ, da un tale Tiberio Claudio Papirio ἐπιμελητῆς τοῦ ἱεροῦ. Il "dio patrio" di Gaza é appunto

1) Cf. Ross Taylor, *Cults*, p. 77, nota 3.
2) Becatti, *Mitrei*, pp. 69-75.
3) Mancano nei podi laterali le nicchie centrali, le scalette, le basi per le statue di Cautes e Cautopates; il pozzetto centrale all'ingresso, i caratteristici ripiani a gradini dell'abside; la vasca rettangolare che si trova al centro del sacello, non ha precisi riscontri in altri mitrei eccetto quello delle terme di Caracalla in cui, per altro, il bacino ha caratteristiche diverse.
Nennun accenno preciso al culto mitriaco é nel mosaico pavimentale o nelle pitture delle pareti che, caso mai, hanno piuttosto riferimenti dionisiaci.
4) *IG*, XIV, 926; Ross Taylor, *Cults*, pp. 79-80.

Marnas, il cui culto non pare si sia diffuso in occidente [1]):
la designazione del dedicante come preposto del tempio e il fatto
che la dedica sia stata posta a Porto anziché a Roma han fatto
supporre al Preller che esistesse un *Marnaeum*, cioé un tempio del
dio di Gaza, in questa località. Si é osservato che in questo caso
sarebbe stato specificato ἐν Πόρτῳ, come avviene nelle iscrizioni
relative al Serapeo e al Metroon. Pur senza voler con questo
affermare l'esistenza di un *Marnaeum* portuense, vorrei richiamare
l'attenzione sul fatto che nel caso del Serapeo e del Metroon, l'esistenza di analoghi santuari ad Ostia rendeva necessaria la precisazione topografica, mentre, trattandosi di un sacello unico, essa non
aveva più importanza determinante. Anche il nome dell' ἐπιμελητῆς del tempio parrebbe più quello di un ostiense che non
di un cittadino di Gaza [2]) dove, essendo stata la cittadinanza
concessa dall'editto di Caracalla, la maggior parte della popolazione
assunse il nome di Aurelius; d'altra parte gli elementi a nostra
disposizione sono troppo pochi e troppo facilmente discutibili per
prendere decisamente partito per l'esistenza di un culto di Marnas
ad Ostia: vi potevano essere dei fedeli tra i mercanti di origine
siriaca, che abitavano stabilmente nella città, o che vi avevano
rappresentanze commerciali [3]).

Potrebbe costituire una prova dell'esistenza di questo culto ad
Ostia il fatto che vi si celebravano le feste Maiumas le quali erano
bensì celebrate in tutto l'oriente e specialmente ad Antiochia, ma
dovevano essere originarie di Gaza, dato che lo stesso nome aveva
il porto della città [4]). Erano feste collegate col mare e coi porti e
sappiamo da Lido e da Suida, che esse erano celebrate a Roma nel
mese di maggio. I maggiorenti romani scendevano poi ad Ostia e
si bagnavano in mare spruzzandosi lietamente d'acqua l'un l'altro.
Questa descrizione di spassi quasi infantili non corrisponde molto
alla fama di licenziosità che avevano tali feste, specie ad Antiochia
ove vennero ripetutamente soppresse: ancora nel Codice Teodosiano
sono stabilite penalità per i trasgressori. E' per altro possibile che a

---

1) Roscher, *Lex. Myth.*, s.v. *Marnas* (Drexler).
2) *Cf.* Ross Taylor, *Cults*, p. 80.
3) Il Meiggs, *Ostia*, p. 394 accetta l'esistenza del *Marnaeum* a Porto.
4) Roscher, *Lex. Myth.*, s.v. *Maiumas* (Drexler); Ross Taylor, *Cults*,
p. 80 (note 13, 14) e sgg.; Meiggs, *Ostia*, p. 377.

Ostia esse avessero carattere più castigato e rientrassero nel quadro di quelle feste marinare in relazione con la navigazione, cui appartengono tanto la festa in onore di Iside, quanto quella in onore dei Castori cui già si é accennato.

La partecipazione dei maggiorenti di Roma e il fatto che esse iniziassero nell'urbe per concludersi nella sua città portuale danno a queste celebrazioni un carattere ufficiale. Probabilmente la loro introduzione avvenne piuttosto tardi con la nuova ondata di culti e cerimoniali orientali al tempo dei Severi, o forse anche in seguito.

Jupiter Sabazius e Caelestis

L'esistenza del culto di Sabazio, il dio traco-frigio dapprima identificato con Dioniso e poi, in età ellenistica, per assimilazione al biblico Jahvé Sabaoth, divenuto dio cosmico e supremo, era stata supposta ad Ostia dopo il rinvenimento della dedica di un L. Aemilius Eusc(hemus?) ex imperio Iovis Sabazi [1]) nel sacello ricavato in una delle celle di un magazzino ancora non scavato sul lato sud del decumano massimo (Reg. V, Ins. XII, 3). Il rinvenimento di tale iscrizione insieme ad un'altra [2]) con dedica del seviro augustale P. Clodius Flavius Venerandus al Numini Caelesti, identificato dal Vaglieri con Anaitis e dalla Taylor con la Dea Caelestis cartaginese, che in Roma era onorata sul Campidoglio insieme e Sabazio [3]), avevano fatto riconoscere nel sacello un Sabazeo. Recentemente il Becatti, nel suo studio sui Mitrei, ha recisamente respinta l'identificazione riconoscendo nel santuario piuttosto un mitreo in cui avrebbe anche potuto essere onorato Sabazio, dati i molti punti di contatto tra i due culti [4]). A convalida dell'identificazione il Becatti adduce prima di tutto la forma del santuario, in secondo luogo il rinvenimento nei pressi di esso di un'altra dedica di Venerandus (CIL, XIV, 4309) all'invictus Sol omnipotens, che ha anche

1) CIL, XIV, 4296; D. Vaglieri in NSc, 1909, pp. 20-21; Ross Taylor, Cults, p. 93; G. Becatti, Mitrei, p. 114; Vermaseren, op. cit., no 303.

2) CIL, XIV, 4318; D. Vaglieri in CRAI, 1909 p. 184 sg.; Ross Taylor, Cults, p. 93; Becatti, Mitrei, p. 116; Vermaseren, op. cit., no 304.

3) Cf. Margherita Guarducci, Nuovi documenti del culto di Caelestis a Roma in BCom, LXXII, 1946-48, pp. 11-25.

4) Il cratere, il serpente, il Sole e la Luna accompagnano costantemente sia Mitra sia Sabazio, inoltre il suo culto era assai diffuso anche in Frigia e in altre regioni asiatiche.

l'attributo di *Caelestis*. Sebbene per Mitra tale attributo non sia comune il Becatti pensa che anche l'altra iscrizione si debba a lui riferire. Io penso piuttosto che, se anche la seconda iscrizione é di carattere mitriaco, questo non infirma l'interpretazione della prima e di tale parere é anche la Guarducci [1]). Lo stretto legame esistente a Roma tra il culto della Caelestis e quello di Sabazius sul Campidoglio mi indurrebbe quindi a propendere col Meiggs [2]), che un precedente Sabazeo, ove si onorava anche la Caelestis, fosse stato poi trasformato in Mitreo e che i culti vi fossero stati associati.

Il rinvenimento sotto il corridoio del sacello di due impronte votive di piedi, ricorda le molte impronte simili dedicate come ex voto alla Caelestis nel santuario che ella condivideva in Roma con Sabazio, ricordate appunto nello studio della Guarducci; d'altro canto impronte simili son state trovate anche nel tempio di Bellona ad Ostia ed é stato dimostrato che furono spesso dedicate a divinità varie per impetrare un felice viaggio. Il rinvenimento quindi non é probante in modo assoluto per la soluzione del problema.

Ad ogni modo vorrei dire che, a dispetto dell'ambiguità, o meglio dell'ambivalenza, dei rinvenimenti mi pare che una buona ragione militi per l'esistenza del culto della Caelestis a Ostia: la presenza di una forte colonia africana per il costante rapporto che, sin dai suoi inizi di città portuale, essa ebbe con i commercianti dell'Africa romana, prima ancora che con quelli Egiziani, i quali per lungo tempo continuarono a far scalo a Pozzuoli. Buona parte dei mercanti nominati dalle iscrizioni del piazzale delle Corporazioni vengono da città africane ed é naturale che essi portassero con sé la loro divinità patria e che le dedicassero culto, tanto più che questo era stato introdotto a Roma dopo la caduta di Cartagine. E' ben vero che, dato l'aspetto sincretistico della Caelestis nel culto romano (si era assimilata a Giunone, Diana, Venere, Fortuna, Cerere, Cibele) i suoi fedeli avrebbero potuto onorarla anche sotto altri aspetti meno ben determinati. Ricordiamo poi che proprio nel III secolo, ad opera di Elagabalo, il simulacro cartaginese di Tanit-Caelestis fu materialmente portato a Roma per celebrarne le nozze col dio Solare di Siria e potremmo forse pensare che proprio in questo

1) *op. cit.*, p. 19.
2) *op. cit.*, p. 376.

periodo potrebbero esser state poste le due dediche di Venerandus, in corrispondenza con il rinnovato interesse del culto a Roma.

Si era un tempo creduto di provenienza ostiense, in quanto parte della collezione del Cardinale Pacca, Vescovo di Porto, un timpano in cui é rappresentata la Caelestis seduta sul dorso di un leone in corsa, mentre in un angolo é rappresentato il Sole sorgente in quadriga, ma oggi, dopo le ricerche del Pietrangeli e della Guarducci [1]) si deve purtroppo ammattere una provenienza romana della scultura: dico purtroppo, perché questo timpano avrebbe potuto essere un documento inequivocabile per la presenza di un sacello ostiense della dea. Ad ogni modo segno, non tanto della presenza di un culto ufficiale ad Ostia, quanto della venerazione particolare dell'acquirente sono le due lucerne con la Caelestis che abbiamo più sopra ricordato parlando della Magna Mater.

Il Cavaliere Trace

Di questa antica divinità Trace, dapprima protettore dei beni, della casa e della famiglia e poi anche genio funerario, che i Greci chiamarono *Heros* assimilandolo alle loro divinità familiari, Ostia ci ha ridato due modeste rappresentazioni a rilievo che si inquadrano nei tipi noti classificati dal Kazarow [2]): nell'uno e nell'altro il dio é rappresentato a cavallo in atto di cacciare il cinghiale, ma nel primo (Inv. 764) il rilievo pare fosse inquadrato da una specie di edicola, il cavaliere é seguito dallo scudiero ed ha dinanzi un'aretta verso cui corre il cinghiale inseguito dal cane; il secondo (Inv. 865), che ha una semplice cornice, presenta il cavaliere in atto di cacciare il cinghiale, che sbuca dalla caverna fiancheggiata da un albero secondo uno schema usato per la caccia calidonia. Questo secondo rilievo, che manca di tutta la parte superiore e ha sul listello inferiore l'iscrizione greca Αὐρήλις 'Απρωνιάνος, fu rinvenuto in un retrobottega del teatro ed era stato ritenuto un rilievo funebre [3]). Pur non potendo escludere che esso abbia avuto impiego

---

1) Cf. *op. cit.* p. 21 sg. tav. I; Pietrangeli, *Musei Capitolini, Monumenti dei Culti Orientali*, Roma, 1951, p. 28-29, no 9, tav. XIV.

2) G. Kazarow, *Denkmäler des Thrakischen Reitergottes in Bulgarien* in *Dissert. Pannonicae*, II; *id.* in *PWRE*, s.v. *Thrake* (Religion), e *Suppl.* III s.v. *Heros*; E. Will, *Le relief cultuel gréco-romain*, Paris 1956, *passim*.

3) Cf. *NSc*, 1912, pp. 439-440, fig. 3.

tombale, dato che il cavaliere Trace era anche genio funerario, io penso piuttosto che ambedue i rilievi siano votivi, e non é privo di interesse che il dedicante del secondo sia di origine greca o forse tracia. Dei Traci, e precisamente dei Bessi, sono documentati da iscrizioni funebri rinvenute a Ostia [1]) e non é improbabile che essi evessero portato con sé il culto del loro dio cavaliere. Poteva essere questo culto abbinato a quello dell'altra divinità Trace, Sabazio, pure nota a Ostia come abbian visto? Non sappiamo: d'altro canto direi che il culto del Cavaliere Trace dovette forse limitarsi a privati, che l'avevan portato con sé dalla patria di origine, e non dové mai diventare un culto ufficiale, a meno che non si sia in qualche modo assimilato a quello dei Dioscuri, tanto venerati ad Ostia, specie come protettori della navigazione.

Culto Solare

Il fiorire del culto del Sole in Roma nel III secolo, specie sotto Aureliano, ne ha fatto ricercare possibili tracce anche in Ostia. In realtà il Sol, nella maggior parte delle iscrizioni in cui esso é nominato, appare sotto l'aspetto di Mitra, é *l'invictus deus Sol Mithra*, cioé Mitra stesso nella sua ipostasi solare. Sempre a Mitra il Becatti riferisce il graffito sulla parete intonacata di un cubicolo nel Caseggiato del Sole (Reg. V, Ins. VI, I): *Dominus Sol hic avitat* [2]). Il Meiggs invece pensa che l'appellativo, insolito nelle iscrizioni mitriache, con cui il fedele designa il Sole, dimostri che qui non si tratta di mitraismo ma del culto solare vero e proprio [3]). Accanto a questo graffito di incerta attribuzione si può ricordare un altro documento: il bollo laterizio rinvenuto ad Ostia, dell'officina di L. Emilio Giuliano, *Solis et Lunae sacerdos* [4]), anch'esso di valore dubbio in quanto nulla prova che Emilio Giuliano fosse sacerdote del Sole e della Luna ad Ostia. Molto interessante é la ipotesi del Becatti sull'esistenza di un culto del *Sol Indiges*, cioé del culto italico del

---

1) *CIL*, XIV, 234, 236, 240. Facevano tutti parte di un distaccamento della flotta (*cf*. anche Meiggs, *Ostia*, p. 216).
2) Becatti, *Mitrei*, p. 125 sgg.; Vermaseren, *op. cit.*, no 298; *cf. CIL*, III, 5561 (*felicitas*) *hic habitat*.
3) Meiggs, *Ostia*, p. 375.
4) *CIL*, XIV, 4089, 7; XV, 2160; Ross Taylor, *Cults*, p. 92; Becatti, *Mitrei*, p. 126 sg.; Meiggs, *Ostia*, p. 375; Vermaseren, *op. cit.*, no 324.

Sole, basata sull'esistenza di un tardo toponimo, *ad digitum Solis*, ricordato tra i terreni dell'agro ostiense concessi in dotazione da Costantino alla Basilica ostiense di S. Pietro, Paolo e Giovanni Battista (*Liber Pontificalis*, Ed. Duchesne, I, Paris 1886, p. 184 e nota 98 a p. 199). Però in questo caso si tratterebbe dell'antico culto italico o sabino, per quanto non sia da escludersi che esso sia stato più tardi influenzato dal culto orientale.

Scarse e discutibili sono dunque le testimonianze epigrafiche, numerose invece le lucerne in cui compare il busto del dio radiato, isolato o associato a quello della Luna [1]), ma é chiaro che una lucerna con il Sol poteva essere acquistata anche da un fedele di Mitra, di Serapìde, o di uno qualunque dei culti orientali in cui tanta parte ha questa divinità. Ricorderò da ultimo una gemma (Inv. 4382) col Sol radiato, stante in atto di agitare la sferza.

Afrodite di Afrodisia

Il culto dell'Afrodite Caria, dea dell'amore e della guerra, dea madre onnipotente della natura, che in Asia competeva con quello di Artemide Efesia e della Grande Madre [2]), dovette essere presto introdotto a Roma, probabilmente sotto Cesare o Augusto, quando Venere, come capostipite dei Giuli e madre di Roma [3]) viene particolarmente onorata nel culto ufficiale. La presenza in Roma, almeno dagli inizi del II secolo d. C. di un gruppo di scultori afrodisiensi e il rinvenimento in Roma di almeno 7 repliche del simulacro della dea, inconfondibile nella sua forma xoanica, dovuta all' ependytes dalle fasce decorate di rilievi, provano un'esistenza del culto a Roma [4]). Il rinvenimento di una replica del simulacro anche ad Ostia (B del mio elenco nell' o.c.) potrebbe far supporre che il culto fosse praticato anche ad Ostia. Come la maggior parte

1) Il busto radiato in Inv. 2485 e 4712 (*ex of. Iusti*); 2676 (*Ex of. Soc.*); 4410 (*Myro*); 4660 (*L. M. Adiec*); 2741-2743 e 2777 (in queste ultime il busto é su crescente fiancheggiato da due stelle); mentre appare insieme a quello della Luna in 2299 (*Diadumini*) e 2415 (*C. Iun. Bit.*).

2) A. Laumonier, *Les cultes indigènes en Carie* (*Bibl. d'Écoles Franç. d'Athènes et de Rome*, 188), Paris 1958, pp. 479-500.

3) R. Schilling, *La religion romaine de Venus*, Paris 1954, p. 289 sgg.

4) *Cf.* M. Floriani Squarciapino, *Afrodite d'Afrodisia* in *BArte*, 1959, pp. 97-106 (con bibl. prec.); id., *Afrodite d'Afrodisia* in *AC*, XII, 1960, pp. 208-211, Tav. LXV.

delle repliche note, anche quella ostiense era di piccole dimensioni ed aveva testa mani e piedi riportati probabilmente in marmo diverso o in bronzo. Dobbiamo quindi immaginarla piuttosto in un larario privato che in un luogo di culto pubblico. La venerazione dell'Afrodite d'Afrodisia ad Ostia, potrebbe essere legata alla presenza, anche ad Ostia, di scultori d'Afrodisia, se fosse sicura la provenienza ostiense dell'erma funeraria dello scultore Zenone, supposta perché il monumento é quasi identico ad altre due erme anepigrafi rinvenute ad Ostia negli scavi del Fagan [1]).

Poca cosa per presupporre un culto é anche il frammento di kalatos d'Artemide Efesia rinvenuto ad Ostia [2]).

Rispetto all'ampia documentazione monumentale, scultorea ed epigrafica dei culti di Cibele, degli Dei Egizi e di Mitra, che sono ugualmente diffusi tanto nella zona urbana quanto in quella portuale (anzi i loro santuari vengono duplicati a Porto quando qui comincia a svilupparsi una vera e propria città) le tracce di culti di altre divinità orientali sono più sporadiche ed incerte e, almeno per ora, sembrano documentare più un culto legato all'origine etnica del dedicante che un vero e proprio culto ufficiale. Evidentemente si diffusero in particolare, a prescindere dalla composizione cosmopolita della popolazione, specialmente quei culti che erano favoriti dallo stato e che erano ormai entrati di pieno diritto nella religione ufficiale, e, per quel che riguarda le divinità siriache, vediamo che le documentazioni ad esse riferentisi coincidono con i periodi in cui anche a Roma fiorisce o rifiorisce la venerazione per esse per volontà di qualche imperatore.

Mi sembra quindi che si possa ritener giusta la già enuciata premessa che la storia delle religioni orientali ad Ostia é intimamente legata e condizionata da quella di Roma, e che la composizione cosmopolita della città non ha influito che parzialmente e marginalmente su di essa.

1) Si trovano tutte e tre nei Musei Vaticani (Amelung, *Kat.*, I, no 65, 67a, 135) (Erma di Zenon). Per l'erma di Zenon, *cf.* anche *CIG*, III, 6233; Curtius, *Die Antike Herme*, p. 26; M. Squarciapino, *La scuola di Afrodisia*, Roma 1943, p. 15, no 23 e p. 37.

2) R. Calza, *Il museo ostiense*, p. 36, n. 190.

DIDASCALIE DELLE TAVOLE

1

2

3

4

7

a   8   b

13

14

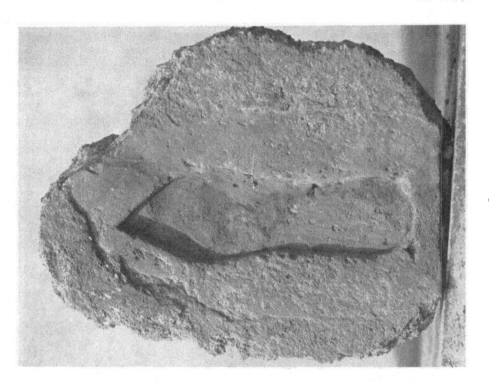

18

17

19

20

21

22

a   b

Printed in the United States
By Bookmasters